DELIUS KLASING

W0334192

SHIMANO SG B-53
DURA-ACE

Dirk Zedler • Thomas Musch

DAS RENNRAD IM SELBSTAUFBAU

Delius Klasing Verlag

INHALT

LOOK
MAVIC
DURA-ACE
www.lookcycle.com
MAVIC

STOP S
maxi insert
STOP XS
maxi insert
LOOK

LIEBE RENNRAD-FANS, VEREHRTE LESER

Der Erfolg der „Rennradwerkstatt" hat uns gezeigt, dass die Wartung und Pflege des Rades für viele Rennradsportler untrennbar zu ihrem Hobby dazugehört.

So war es nur ein kleiner Schritt, das nun vorliegende Buch „Das Rennrad im Selbstaufbau" in Angriff zu nehmen: Nicht nur Rennrad-Fachhändler wissen, dass die allermeisten Rennräder individuell aufgebaut werden, ganz besonders im Bereich der hoch- und höchstwertigen Renner. Wer ein Faible für diese Arbeit hat und handwerkliches Geschick mitbringt, für den ist der Aufbau eines Rennrades eine faszinierende Aufgabe: Unter den eigenen Händen entsteht ein individuelles Einzelstück, dessen hochwertige und dennoch durchschaubare Technik der Besitzer bis in die letzte Schraube kennt – im wahren Wortsinn.

Natürlich ist der Aufbau eines kompletten Rades, das im Trainingsalltag oder harten Wettkampfeinsatz perfekt funktionieren muss, eine anspruchsvolle Aufgabe. Um den Hobby-Schrauber dabei zu unterstützen, haben wir dieses Buch geschrieben. Ein Dogma sind die Anleitungen jedoch nicht: Andere Teile und Voraussetzungen können auch ein anderes Vorgehen beim Zusammenbau oder zusätzliches und spezielles Werkzeug erfordern.

Klar sein muss jedem: Als Hobby-Schrauber, der sein Rennrad aus Einzelteilen selbst aufbaut, tritt man an die Position eines Herstellers – und das hat weit reichende Konsequenzen für Gewährleistung und Garantie, aber auch für die Haftung im Falle eines Defekts. Gehen Sie deshalb beim Radbau kein Risiko ein, nach dem Motto: Das wird schon irgendwie halten. Sollten Sie doch einmal unsicher sein: Beweisen Sie echte Professionalität und fragen Sie Ihren Fachhändler um Rat!

Dirk Zedler/Thomas Musch

DURA-ACE

DURA-ACE

VON DER IDEE ZUM RAD – DER REIZ DES EINZELSTÜCKS

Das Gesicht in der Menge, das unverwechselbare Unikat, das technisch Beste – es gibt viele Gründe, sich das eigene Rennrad selbst aufzubauen.

Individualität ist Trumpf: Wer nach etlichen Streifzügen durch die Schauräume der Fahrradhändler noch immer nicht das Rad seiner Träume gefunden hat, der sollte die Strategie wechseln. Nicht mehr schauen, was der Markt bietet, sondern die eigenen Ansprüche formulieren – und handeln. Im Eigenbau lässt sich der Renner der Wahl ganz auf die persönlichen Wünsche und Anforderungen abstimmen, und gerade Fahrräder eignen sich zur individuellen Gestaltung besonders gut. Die Auswahl an Teilen ist riesengroß, die Technik ist durchschaubar und fast alle Montagearbeiten können mit etwas Geschick und dem entsprechenden Durchblick selbst ausgeführt werden. Das Ergebnis ist ein Rad, über das man bis ins kleinste Schaltungsschräubchen Bescheid weiß – und ein exklusives Einzelstück, so unverwechselbar wie sein Besitzer.

Neben dem Spaß am Unikat sprechen weitere Gründe für den Aufbau in Eigenregie. Beim Händler kostet allein die Montage eines Rades nach den Wünschen des Kunden zwischen 100 und 150 Euro, die man beim Do-It-Yourself sparen kann. Im Vergleich zu manchem Komplettrad, insbesondere italienischer Abstammung, kommt man als Selberschrauber auch günstiger weg – vor allem in der Luxusklasse langen die Edel-Schmieden ordentlich hin, wenn aus vielen Einzelteilen ein attraktives Ganzes geworden ist.

Selbst wenn beim Eigenbau die Summe der Einzelteil-Preise über dem Preis eines vergleichbaren Komplettrades liegen sollte, ist das noch kein definitives Argument gegen den Einzelaufbau. Denn: Fahrräder aus Massenproduktion weisen nicht selten Defizite auf. Bei den Herstellern herrscht Zeitdruck. Verschraubungen werden zum Beispiel nur selten ausreichend geschmiert; nach wenigen Jahren sind diese Verbindungen festgerostet. Außerdem enthalten die Lager keine ausreichende Fettpackung, um Schmutz und Wasser abzuhalten; die Außenhüllen der Bowdenzüge werden nicht auf das optimale Maß abgelängt. So werden Leichtlauf und Bedienungskomfort verschenkt. Unschön, aber nicht unüblich, sind falsch gewickelte Lenkerbänder, die schon nach wenigen Kilometern rutschen oder sich ablösen. Wenn gar Teile an das Rad gebaut wurden, die im Prospekt nicht vorgesehen waren, ist dies nicht nur ärgerlich, sondern mitunter sogar gefährlich. Das kommt vor, wenn Bauteile nicht mehr vorrätig sind, Auslieferung und der Verkauf aber weitergehen sollen.

Wer sein Rad selbst aufbaut, muss sich andererseits im Klaren sein: Für seine handwerkliche Leistung und die Zusammenstellung der Bauteile steht der Freizeit-Mechaniker selbst gerade. Versagt das Material, sind Diskussionen mit dem Hersteller hinsichtlich Gewährleistung oder Schadenersatz programmiert. Halten Sie sich bei der Montage deshalb unbedingt an die Bedienungsanleitungen und beschränken Sie sich im Interesse Ihrer eigenen Sicherheit auf solche Arbeiten, die Sie sicher beherrschen.

Wie schon festgestellt, geht der klare Trend bei den Rennrad-Komponentengruppen in der kommenden Saison zum Dreifach-Kettenblatt. Inzwischen gibt es (abgesehen von Campagnolos Chorus-Reihe) alle Gruppen auf Wunsch mit dem früher gern geschmähten „Rettungsring". Sogar die Flaggschiffe Record und Dura-Ace machen da keine Ausnahme mehr – vor nicht allzu langer Zeit noch undenkbar. Aber das Argument, diese Gruppen seien schließlich für Rennfahrer konzipiert, wird heute nicht mehr bemüht, „dreifach" ist nun auch im Hochpreissegment salonfähig. Nach jüngsten Informationen werden mittlerweile 40 Prozent aller Rennradgruppen mit drei Kettenblättern verkauft, Tendenz steigend. Die Nachfrage kommt vor allem von Tourenfahrern, denen das bisher übliche Gängespektrum nicht bergtauglich genug ist.

Außer dem Rahmen und der Komponentengruppe gehören natürlich noch viele wichtige Kleinigkeiten zu einem funktionstüchtigen und hochwertigen Rad: Vorbau und Lenker, Sattel, Sattelstütze, Reifen, Pedale, Flaschenhalter und anderes. Beim Versuch, diesen Markt darzustellen, stößt ein Buch zwangsläufig an seine Grenzen. Die Hersteller in jedem Marktsegment entwickeln und produzieren stets neue Teile in immer kürzeren Modellzyklen: Ein Streifzug durch den Teilemarkt ergäbe doch nur eine Momentaufnahme, die schon nach kurzer Zeit veraltet wäre. Grundlegendes – Rahmenmaterialien, Unterschiede zwischen den Komponentenherstellern oder zwischen klassischen und Systemlaufrädern – hingegen hat Bestand. Unser Rat zur Auswahl der Teile ist deshalb zweigeteilt: Zum einen ist es wichtig, Einsatzzweck und Anforderungen zu berücksichtigen. Nur ein Beispiel: Ein Leichtlenker, der knapp 200 Gramm wiegt, hat am Rad eines 90-Kilo-Fahrers eigentlich nichts zu suchen! Selbst am Rad eines 65 Kilo leichten Bergflohs ist ein solcher Lenker ein Verschleißteil, das regelmäßig kontrolliert und ausgewechselt werden muss! Und wählen Sie Lenker und Vorbau immer von einem Hersteller, das vermeidet zumindest schon mal Passungsprobleme. Der zweite Teil unserer Empfehlung lautet: Lesen Sie das monatliche Heft von TOUR. Darin werden neue Teile stets aktuell vorgestellt und getestet – so sind Sie immer auf dem Laufenden, wenn es neue, leichte oder auch nur schicke Teile für den Renner gibt.

Werkstoffkunde

STAHL, ALU ODER CARBON?

Der Stoff aus dem der rollende Traum besteht – da hat jeder Radler so seine eigenen Vorstellungen. Wir liefern ein paar Hintergründe...

Der Werkstoff Aluminium wurde schon 1886 für die industrielle Verarbeitung erschlossen – aber natürlich dachte damals noch niemand daran, Fahrräder und Komponenten daraus herzustellen. Heute hingegen ist Aluminium aus dem Fahrradbau nicht mehr wegzudenken.

Hauptargument für Aluminium: Das geringe Gewicht. Die Dichte von nur 2,7 Gramm pro Kubikzentimeter liegt so deutlich unter der von Stahl (7,85 g/cm^3), dass es auf Konstrukteure große Anziehung ausübt. Verwertbar für den

Rahmenbau wird das rohe Aluminium allerdings erst nach dem Legieren – das Mischen im Schmelzvorgang mit Elementen wie Kupfer, Mangan, Zink und anderen. In Sachen Steifigkeit kann Alu allerdings nicht mit Stahl konkurrieren – das lässt sich auch durch ausgeklügelte Legierungen nur in ganz engen Grenzen verbessern.

Zum beliebten Werkstoff für Rennradrahmen wird Aluminium, weil man mit konstruktiver Intelligenz gleichzeitig leichte und steife Rahmen bauen kann: Der Rohrdurchmesser, so besagt die Physik, geht in der dritten Potenz in die Steifigkeit ein – also führt der doppelte Durchmesser zu achtfacher Steifigkeit. Kurz gefasst besteht der Trick darin, die Wandstärke auf einen technisch sinnvollen Wert zu verringern und den Durchmesser dabei entsprechend zu vergrößern, damit das Rohr gleichzeitig so steif wie nötig und so leicht wie möglich wird. Das Verhältnis von Gewicht zu Steifigkeit ist bei entsprechender Dimensionierung ausgezeichnet und wird von keinem anderen Werkstoff erreicht.

Am häufigsten wird Alu-Rohr geschweißt. Die Haltbarkeit der Endprodukte hängt maßgeblich von der Qualität der Schweißung ab – und vom Schutz der Oberfläche. Aluminium rostet zwar nicht, aber es korrodiert. Wenn aggressive Medien wie Salz oder Säuren ins Spiel kommen, greift das die Oberfläche massiv an. Rohre und Teile aus Aluminium sollten daher eine gute, dauerhafte Oberflächenversiegelung in Form von Lackierungen, Pulverbeschichtungen oder Eloxierungen bekommen.

ALU – PLUS UND MINUS

- **+ sehr leicht, leicht zu bearbeiten, geringe Korrosion**
- **– geringe Steifigkeit, geringe Härte, nicht sehr dauerschwingfest, geringe Festigkeit, energieaufwändige Herstellung**

STAHL

Die Geschichte des Stahlrohres ist die Geschichte des modernen Fahrrades. Sie beginnt 1887 mit dem Patent der Gebrüder Mannesmann über das so genannte Schrägwalzverfahren zur Herstellung nahtlos gezogener Rohre. Schon kurze Zeit später, 1890, wurde der Diamantrahmen vom englischen Konstrukteur Humber entwickelt. Von kleinen technischen Veränderungen – etwa der Endverstärkung der Rohre – abgesehen, prägte der klassische, filigrane Rahmen viele Jahrzehnte lang das Bild des Rennrades.

Herausragend bei aller Stahlsorten: der hohe Elastizitäts-Modul. Er ist rund dreimal höher als der von Aluminium und zweimal höher als der von Titan. Ein hoher E-Modul gestattet demnach schlanke und dennoch steife Konstruktionen. Das Dauerschwingverhalten von Stahl ist ebenfalls günstig und eine der Bedingungen für lange Haltbarkeit von Stahlrahmen. Ein weiterer Pluspunkt des Materials ist die immense Erfahrung, welche die Techniker im Laufe der vergangenen hundert Jahre mit dem Werkstoff Stahl sammeln konnten. Standard bei Rennrädern ist mittlerweile die Cr-Mo-Qualität, also eine Stahllegierung mit Chrom und Molybdän.

Für Stahlrahmen gilt: Je dünner die Wandstärken der Rohre sind und je größer der Durchmesser, umso höher muss die Festigkeit sein. Sie beinflusst allerdings das Fahrverhalten in keiner Weise, sondern schützt nur vor Bruch im Falle eines Falles. Von nicht zu unterschätzender Bedeutung hingegen ist die Art und Weise, in der Rohre verbunden werden. Hartlöten, Schweißen und Kleben stehen zur Wahl – geklebt werden Stahlrahmen zur Zeit aber noch nicht. Traditionell verbinden Muffen, gegossene Rohrverbinder aus Stahl, die hartverlöteten Rohre, im Trend liegt aber eher die muffenlose Schweißung, die auch mehr Freiheit bei der Gestaltung der Rahmengeometrie lässt.

STAHL – PLUS UND MINUS

- \+ **hohe Steifigkeit, hohe Festigkeit, sehr dauerschwingfest, gutmütiges Bruchverhalten, preisgünstig, umweltfreundlich**
- – **Korrosion (Ausnahme Edelstahl), hohes Gewicht**

Stahl hat, was das Gewicht anbelangt, kaum noch Chancen gegen die Konkurrenz aus Aluminium und Carbon. Diamantrahmen, deren Stahlrohre hauchzarte Wandstärken von vier Zehntel Millimetern aufweisen, stoßen an die Grenze des technisch Sinnvollen und Machbaren. Trotzdem: Intelligent gebaute Stahlrahmen mit gutem Korrosionsschutz innen wie außen stellen auch heute noch eine dauerhafte, haltbare und vernünftige Alternative zu allen Modeerscheinungen dar.

CARBON

Carbon ist, für sich betrachtet, ein faszinierendes Material. Es liegt in Gestalt von Fasern vor, die fünfmal leichter sind als Stahl und auch deutlich leichter als Aluminium. Außerdem sind sie dreimal so steif und siebenmal so fest wie der festeste Stahl. Allerdings kann man mit den Fasern alleine wenig anfangen, weshalb der Werkstoff Carbon korrekterweise auch CFK heißt, zu deutsch Kohlefaser-verstärkter Kunststoff. Die Kohlefasern sind eingebettet in eine Kunststoff-Trägersubstanz. Grundsätzlich fixiert der Kunststoff die Fasern und stellt die Verbindung zwischen ihnen her, damit sie die Kräfte aufnehmen können. Weil das Harz vor dem Ausbacken weich ist und die Fasern biegsam sind, kann der Werkstoff leicht geformt werden. Seine endgültige Gestalt erreicht Carbon nach dem Aushärten unter hoher Temperatur.

Es reicht allerdings nicht, die Kohlefasern irgendwie mit Harz zu tränken. Jede einzelne Faser ist nur auf Zug belastbar – greifen Kräfte aus verschiedenen Richtungen an einem Bauteil an, müssen in jeder dieser Richtungen Fasern verlaufen. Das macht den Umgang mit Carbon so schwierig: Der Konstrukteur muss schon vorher wissen, wo die Kräfte in dem Teil verlaufen und wie groß sie sind. Nur so kann er die Kohlefasern sinnvoll anordnen und den Materialaufwand begrenzen, um das Gewicht niedrig zu halten. Klar, man könnte auch Dutzende von Carbonmatten kreuz und quer übereinander legen, um ein stabiles Teil zu erhalten. Aber das würde horrend teuer und der Gewichtsvorteil wäre dann auch futsch.

Die edle Optik von Carbon mit dem regelmäßigen Geflecht der schwarzen Stränge ist übrigens perfekt inszeniert. Diese Matten werden eigens als schöne Deckschicht verwendet. Den eigentlichen Job darunter machen in der Regel Lagen aus so genanntem unidirektionalem Gewebe. Darin verlaufen die Fasern nur in eine Richtung. Mehrere solcher Matten werden dann übereinander gelegt und entsprechend der Belastungsverläufe ausgerichtet. Warum man dafür nicht die schönen, gewebten Matten nimmt? Grob vereinfacht liegt das daran, dass die Fasern in den rechtwinkeligen Geflechten stets kleine Bögen beschreiben, wenn sie über- und untereinander durch tauchen. Greifen hier Kräfte an, müssen die Fasern erst „glattgezogen" werden, bevor sie die Arbeit aufnehmen; die Folge ist eine unerwünschte Flexibilität.

Seit erfindungsreiche Fahrradhersteller sich mit dem Werkstoff intensiv beschäftigen, entstehen interessante, zukunftsträchtige Räder. Ein frühes Beispiel dafür war das Trek Y-Foil. Optisch glich der Monocoque-Rahmen einem liegenden Ypsilon. Er hatte kein Sattelrohr, sondern einen Ausleger, auf dem der Sattel schwingen konnte. Steifigkeit in Tretlager und Lenkkopf verband das Y-Foil auf diese Weise mit erstaunlichem Komfort. Es wies ein ausgezeichnetes Verhältnis von Steifigkeit zu Gewicht auf und war durch seine flächige Form zudem sehr aerodynamisch. Diese sehr kreative Phase im Rennradbau ist mittlerweile leider wieder vorbei. Als die Hersteller gelernt hatten, wie man mit Carbon umgeht und daraus sinnvolle Fahrradrahmen baut, trat der Internationale Radsportverband UCI auf die Fortschrittsbremse. Der klassische Diamantrahmen wurde zum Maß aller Dinge im Radsport erklärt, abweichlerische Rad-Utopien von den Rennstrecken verbannt. Und weil sich im Laden nicht verkauft, was von den Profis auf der Straße nicht gefahren wird, ist die Rad-Evolution bei Carbon bis auf wenige Ausnahmen ins Stocken geraten. Rahmenbauer mussten sich wieder ins starre Diamantrahmen-Korsett zwängen.

Dass die Kleinserien-Fertigung der Carbonrahmen viel Handarbeit erfordert, schlägt sich positiv in manch liebevoller Kleinigkeit nieder. Innenverlegte Züge, die man bei modernen Aluminium-Rahmen zum Beispiel fast schon gar nicht mehr antrifft, sind an Carbonrahmen weit verbreitet.

CARBON – PLUS UND MINUS

- **+ sehr hohe Steifigkeit und Festigkeit, sehr dauerschwingfest, korrosionsfrei, große Gestaltungsfreiheit**
- **– starke Richtungsabhängigkeit der Steifigkeits- und Festigkeitswerte, keine Bruchdehnung**

KLASSISCH ODER MIT SYSTEM?

Die Laufräder sind die Visitenkarte des Rennrades. Aber haben klassisch eingespeichte Räder im Vergleich zu den modernen Systemlaufrädern überhaupt noch eine Chance, beachtet zu werden?

Sowohl das Gewicht als auch die Aerodynamik von Laufrädern haben einen besonderen Stellenwert im Vergleich zu den anderen Bauteilen des Fahrrades. Grund ist die Überlagerung von Rotation und Vorwärtsbewegung. Aus aerodynamischer Sicht sorgt diese gemischte Bewegung für eine Anströmung mit der doppelten Fahrgeschwindigkeit am äußeren Umfang des Laufrades. Da der Luftwiderstand exponentiell mit der Geschwindigkeit steigt, kommt der Gestaltung von Felge und Speichenanbindungen besondere Bedeutung zu. Und beim Beschleunigen bremst die am äußeren Umfang verteilte Masse stärker als solche, die sich auf die Nabenachse konzentriert. Die Waage alleine verrät daher nicht die ganze Wahrheit über die Laufradpfunde und ihre Auswirkung aufs Fahrverhalten.

Die Fahreigenschaften des ganzen Fahrrades werden entscheidend durch den Rundlauf und die Steifigkeit der Laufräder beeinflusst. Unrunder Lauf, Unwuchten und lasche Einspeichung wirken sich umso störender aus, je elastischer der Rahmen des Rades ist. Wenn die Laufradsteifigkeit sehr gering ausfällt, können sogar steife Rahmen zum Flattern angeregt werden, in Kurven und im Wiegetritt entsteht ein schwammiges Fahrgefühl. Gerade heute, wo die Rahmen immer besser und einander immer ähnlicher werden, sorgen die Laufräder noch für deutlich unterschiedliche Fahreindrücke.

Die Optimierungsziele der Laufradbauer variieren. Manche Konstruktionen betonen die Aerodynamik, andere setzen auf Leichtigkeit, die meisten suchen einen Kompromiss aus beiden Eigenschaften. Hinzu kommen mechanische Qualitäten. Für den

Systemlaufräder sind eigentlich Wettkampfmaterial: aerodynamisch und leicht, aber auch sensibel und teuer.

Haltbar und pflegeleicht: Das klassische Laufrad garantiert Tausende sorgenfreier Rennradkilometer.

Praxisbetrieb sind Tugenden wie Haltbarkeit, Zentrierbarkeit und Bremsverhalten nicht zu unterschätzende Posten. Auch die Frage der Ersatzteilbeschaffung (Werden Spezialbauteile benötigt?) sollte man sich vor dem Kauf stellen.

Bei der zunehmenden Zahl von Systemlaufrädern, die mit Carbonfelgen angeboten werden, ist das bislang sehr schlechte Bremsverhalten zu berücksichtigen. Durch die geringe Wärmeleitfähigkeit der Faserfelgen erhitzen sich die Bremsbeläge blitzartig, der Belagverschleiß ist beträchtlich. Speziell entwickelte Korkbeläge mindern das Problem zwar, überzeugende Bremspower bieten sie aber auch nicht. So ist von vornherein klar: Carbonfelgen kommen nur für Flachlandfahrer oder den Renneinsatz infrage. Dazu passt, dass das Aufkleben der Schlauchreifen auf die Carbonfelgen eine gewisse Erfahrung und Geschicklichkeit voraussetzt.

Die Lagerungen machen wenig Sorge und sind bei den meisten Systemlaufrädern solide ausgeführt, in der Regel ist das Lagerspiel fest voreingestellt. Aluminium-Rotoren zur Aufnahme von Shimano-Ritzeln sind auf die Dauer nicht den Kräften lose gesteckter Ritzel gewachsen, diese graben sich dann ein und sind nur noch mit Gewalt zu wechseln. Besser sind harte Titan- oder Stahlrotoren. Wichtig: Nicht alle Laufräder sind für Shimano- und Campa-Standard kompatibel.

Kerbempfindliche Alu-Speichen, wie sie Mavic bei den Ksyrium-Rädern verwendet, sollten nur in den separat erhältlichen Schutztaschen verreisen, um Transportschäden zu vermeiden.

Ein gar nicht so triviales Problem ist das Aufpumpen der Reifen auf Hochprofilfelgen. Sofern es nicht um die letzten Sekundenbruchteile geht, sind hier Schläuche mit langen Ventilschäften Adapterlösungen vorzuziehen. In Sachen Ersatzteilversorgung sollten Sie den Tipp beherzigen, die Spezialspeichen – sofern für das Laufrad der Wahl nötig – gleich beim Kauf der Räder mitzubestellen. Das verkürzt im Defektfall – meistens ja während der Saison – die Wartezeit. Dennoch: Die besten Kompletträder warten mit handfesten Vorteilen auf, verbessern das Fahrverhalten und drehen am km/h-Schnitt.

KRONJUWELEN

Ist die Wahl des Juweliers für die Komponentengruppe nur Geschmackssache oder sprechen handfeste technische Gründe für den Kauf italienischer, japanischer oder französischer Preziosen?

Rennradfahrer gelten als Individualisten. Wenn es um die Ausstattung ihres Sportgerätes geht, erliegen sie dann aber doch meist dem Gruppenzwang. Fast alle Rennräder werden heute mit Komponenten-Gruppen von Campagnolo oder Shimano ausgestattet – das ist bei Rädern im Selbstaufbau nicht anders als bei Serienmodellen. Die beiden Unternehmen sind neben dem französischen Schaltungs- und Bremsenhersteller Mavic die einzig verbliebenen Anbieter von aufeinander abgestimmten Antriebs-, Brems- und Schaltkomponenten fürs Rennrad.

Die Tatsache, dass es nur noch zwei relevante Komponentenhersteller gibt, hat aber nicht zwangsweise eine beschränkte Auswahl an Gruppen zur Folge. Nicht weniger als sechs Rennradgruppen bietet Campagnolo derzeit zur Auswahl, fünf sind es bei Shimano. Das Angebot reicht jeweils vom preiswerten Einsteigerset bis zum sündhaft teuren Profi-Ensemble. Betrachtet man die Serien getrennt nach Hersteller, sind die Unterschiede zwischen den in der Hierarchie benachbarten Gruppen jeweils gering, über das gesamte Spektrum gesehen jedoch deutlich. Generell gilt natürlich: Teurer ist gleich technisch aufwändiger, tendenziell langlebiger und leichter.

Der vielleicht deutlichste Trend bei Rennradgruppen in der jüngsten Zeit: Dreifach-Kettenblätter sind in. Außer der Chorus-Gruppe von Campagnolo gibt es inzwischen alle Gruppen auf Wunsch mit drei Kettenblättern. Dass jetzt auch die Top-Gruppen Record und Dura-Ace mit dem vorderen „Rettungsring" zu haben sind, ist dabei fast eine kleine Revolution. Noch vor kurzem wäre die Frage nach solch einem Vorhaben vermutlich von beiden Herstellern mit dem Hinweis gekontert worden, die Gruppen seien schließlich für Rennfahrer konzipiert. Inzwischen jedoch ist „Dreifach" auch im Hochpreis-Segment salonfähig.

Top-Funktion, edles Aussehen: Schaltwerk aus dem Campa-Programm

Unproblematisch ist der Anbau eines dritten Kettenblattes jedoch nicht. Grund dafür ist die veränderte Kettenlinie, die dann besonders in Extremgängen Probleme macht. Um Platz für das kleine Blatt zu schaffen, rücken die beiden großen Kettenblätter bei einer Dreifach-Kurbel nach außen, der Einbau einer längeren

Tretlagerachse ist dazu unumgänglich. Da die Kette zu stark schräg läuft, sind deshalb von (bei Campa) theoretisch 30 Gängen in der Praxis nur 19 nutzbar, Überschneidungen bereits abgezogen. Bei Shimanos 3x9-Getrieben ist es ähnlich; hier bleiben unterm Strich 18 Gänge.

Ein technischer Unterschied zwischen den beiden Konkurrenten wurde damit bereits angedeutet: Während sich Shimano-Fahrer mit neun, in der Einsteigergruppe Sora sogar mit nur acht Ritzeln auf der Hinterradnabe begnügen müssen, setzen die Italiener bei den Gruppen Record, Chorus und Centaur zehn Ritzel ein. Veloce, Mirage und Xenon haben weiterhin neun Ritzel. Dafür hat Shimano in der Tretlager-Technik die Nase vorn. Hohlgeschmiedete Kurbeln bei Dura-Ace und Ultegra und so genannte Octalink-Tretlagerwellen mit Vielfachverzahnung bis runter zur 105-Gruppe – diese technischen Highlights faszinieren nach wie vor. Campa setzt dagegen weiter auf die Vierkantachse. Für Technik-Freaks haben die Italiener vor kurzem einen Carbon-Kurbelsatz für die Record-Gruppe gebaut. Der Gewichtsvorteil gegenüber der Dura-Ace-Kurbel: inklusive Innenlager knapp 50 Gramm. Unterschiedlich ist außerdem Handhabung und Griffgefühl der jeweiligen Bremsschalthebel. Bei Campagnolos Ergopower-System bleiben Schalt- und Bremsvorgang strikt getrennt, bei Shimanos STI-Hebeln wird der Bremshebel durch seitlichen Schwenk zum Schalthebel. Darüber, welches System das bessere ist, lässt sich endlos diskutieren. Letztlich ist die Entscheidung Geschmackssache.

Alu-Verarbeitung in Vollendung: Jubiläumsversion der Dura-Ace-Schaltung

Ansonsten überwiegen mittlerweile die Gemeinsamkeiten. Was alle Gruppen charakterisiert, sind Bremsschalthebel, große Übersetzungsvielfalt, erstklassiges Schaltverhalten dank spezieller Zahnprofile an Kettenblättern und Ritzeln, Kassettennaben und so genannte Dual-Pivot-Bremsen mit zwei Gelenken für eine bessere Übersetzung der Bremskraft. Diese Leistungsmerkmale bieten heute selbst Einsteigern einen Bedienungskomfort, von dem Rennradfahrer bis Anfang der neunziger Jahre nur träumen konnten.

Welcher der beiden Hersteller nun tatsächlich vorne liegt, ist wegen der zunehmend unterschiedlichen Entwicklungsrichtungen der Konkurrenten schwer zu beurteilen. Während Shimano mit der Dura-Ace-Gruppe Alu-Verarbeitung in Vollendung demonstriert, setzt Campagnolo bei der Premiumgruppe Record immer stärker auf Carbon. Ob der Gewicht sparende Einsatz des Faserwerkstoffs auch auf Dauer ein Mehrwert ist, muss sich noch zeigen. Kratzer lassen sich jedenfalls aus Carbon nicht herauspolieren.

In der Funktionalität ist zwischen Top- und Mittelklassegruppen kaum ein Unterschied auszumachen. Mit technischer Notwendigkeit lässt sich die Investition in ein Record- oder Dura-Ace-Ensemble also kaum rechtfertigen. Doch es gibt ja noch andere Motivationen für die Luxusvariante: etwa die Freude an der perfekten Verbindung von Ästhetik und Technik.

Rahmenvorbereitung

DAS FUNDAMENT DER TRÄUME

Der Aufbau eines individuellen Rennrades erfordert ein paar Überlegungen, bevor es losgeht – und dann solides Handwerk.

Wer den individuellen Radaufbau anstrebt, muss dafür genügend Zeit einplanen. Komponenten müssen sorgfältig ausgesucht werden, damit sie trotz verschiedener Anschlussmaße der Hersteller zueinander passen.

Die Montage selbst nimmt drei bis fünf Stunden in Anspruch, wenn man einige Erfahrung mitbringt. Weniger Geübte müssen einen Tag einplanen, vor allem, wenn auch Laufräder eingespeicht und zentriert werden sollen. Voraussetzung für den erfolgreichen Zusammenbau ist das notwendige Werkzeug. Da viele Hersteller beispielsweise Rahmen und Gabel nicht optimal vorbereiten, wird allein für das Beseitigen von Produktionsrückständen oft teures Spezialwerkzeug notwendig, dessen Anschaffung sich für den Hobbyschrauber meistens nicht lohnt. In größeren Städten gibt's vereinzelt Selbsthilfe-Werkstätten, bei denen man Werkzeug mieten kann. Und wer trotz Selbstaufbau einen guten Draht zum örtlichen Radhändler unterhält, kann dort freundlich anfragen, ob die Werkzeuge auszuleihen sind. Eine weitere – durchaus empfehlenswerte – Möglichkeit besteht darin, den Rahmen vormontiert beim Händler zu bestellen, oder gleich den Einbau von Lenkungs-, Innenlager und Sattelstütze zu vereinbaren. Für alle anschließenden Arbeiten reichen preiswerte Werkzeuge aus.

MASS HALTEN

SATTELSTÜTZEN: 25,0 mm bis 31,8 mm, bei Rennrädern häufig 27,2 mm
Abstufungen immer in geraden Zehntelmillimeter-Schritten

LENKUNGSLAGER:

Typ	Standard	JIS	Französisch	1 1/8"	1 1/4"
Konus	26,4 mm	27,0 mm	26,4 mm	30,0 mm	33,0 mm
Lagersitz	30,2 mm	30,0 mm	30,2 mm	34 mm	37,0 mm
Gewinde	1" x 24 TPI	1" x 24 TPI	M 25 x 1 mm	1 1/8" x 26 TPI	1 1/4" x 26 TPI

Integrierte und teilintegrierte Lager unterscheiden sich in Durchmesser und Winkeln am Innen- und Außenring. Auch können oberes und unteres Lager unterschiedliche Größen aufweisen. Ein Standard exisitiert nicht, der jeweilige Rahmenhersteller muss exakt Auskunft über die benötigten Maße geben.

VORBAUTEN UND LENKER:
Lenkermanschette / Vorbaubohrung: 25,4 mm / 25,8 mm / 26,0 mm / 26,4 mm
Schaft- bzw. Bohrungsmaße beim Gabelschaft: 22,2 mm / 25,4 mm (1 Zoll) / 28,6 mm (1-1/8 Zoll) / 31,8 mm (1 Zoll)

VORBEREITUNG DES SATTELROHRS

1 Die Montage der Sattelstütze sollte der erste Schritt der Rahmenvorbereitung sein, damit empfindliche Rahmen für die weiteren Arbeitsschritte an der Stütze eingespannt werden können. Zudem können die anfallenden Metallspäne entfernt werden, so lange das Innenlager noch nicht montiert ist. Messen Sie die Sattelstütze. Halten Sie dabei den Messschieber ebenfalls senkrecht zum Rohrverlauf und kippen Sie den Schieber leicht hin und her, um sicherzustellen, dass Sie nicht verkanten. Passen die Durchmesser zueinander, sollten Sie überprüfen, ob der Klemmbereich frei von scharfen Kanten ist, sonst entstehen hässliche Kratzspuren, wenn die Stütze eingeführt wird. Die Stütze muss im Rohr leicht und ohne Widerstand auf und ab gleiten. Gleichzeitig darf in der Passung jedoch kein Spiel vorhanden sein. Öffnen Sie die Sattelklemmschraube, bis der Klemmbereich völlig entspannt ist und messen Sie den Innendurchmesser des Sitzrohres aus. Setzen Sie den Messschieber neben dem Schlitz senkrecht zum Rohrverlauf an, denn an dieser Stelle verändert sich der Querschnitt beim Klemmen der Stütze kaum. Messen Sie an mehreren Stellen, um Messfehler zu vermeiden.

2 Ist das Rahmenrohr zu eng, reiben Sie es mit einer verstellbaren Reibahle aus.

3 Drehen Sie das Werkzeug langsam und gleichmäßig und schieben Sie es dabei gemächlich immer weiter nach innen. Fangen Sie mit einem Durchmesser an, der nur sehr wenig Material abträgt, und stellen Sie das Werkzeug nur in sehr kleinen Schritten zu.

4 Drehen Sie das Werkzeug auch, während Sie es aus dem Sattelrohr herausziehen. Entgraten Sie die Kanten vor allem im Bereich des Schlitzes mit Schmirgelleinen.

5 Entfernen Sie die Späne mit Pressluft, oder durch leichtes Klopfen mit der Faust an das Rahmenrohr, und wischen Sie das Rohr abschließend mit einem Lappen aus.

6 Stimmt der Sitz, wachsen Sie die Sattelstütze mit Sprühwachs ein und lassen das Wachs abtrocknen. Fetten Sie die Stütze und das ausgeriebene Rohr gründlich ein. Schieben Sie die Stütze in den Rahmen.

7 Ziehen Sie die ebenfalls gefettete Klemmschraube leicht an, bis sich die Stütze nicht mehr bewegen oder verdrehen lässt. Achtung: Carbon-Rahmen und Carbon-Sattelstützen dürfen nicht gewachst und nicht gefettet werden!

VORBEREITUNG FÜR DEN STEUERSATZ

8 Bei einem konventionellen Steuersatz gehen Sie folgendermaßen vor: Versuchen Sie, den oberen Lagerring auf das Schaftrohr der Gabel zu drehen. Gelingt dies nicht, muss das Gewinde nachgeschnitten werden. Beträufeln Sie das Schaftrohr mit Schneidöl und setzen Sie das Schneideisen an. Üblicherweise führt ein spezieller Ring den Gewindeschneider, sodass die korrekte Ausrichtung gewährleistet wird. Drehen Sie das Windeisen gleichmäßig weiter und drehen Sie es regelmäßig etwas zurück, bis die Späne spürbar abbrechen. Schmieren Sie regelmäßig mit Schneidöl.

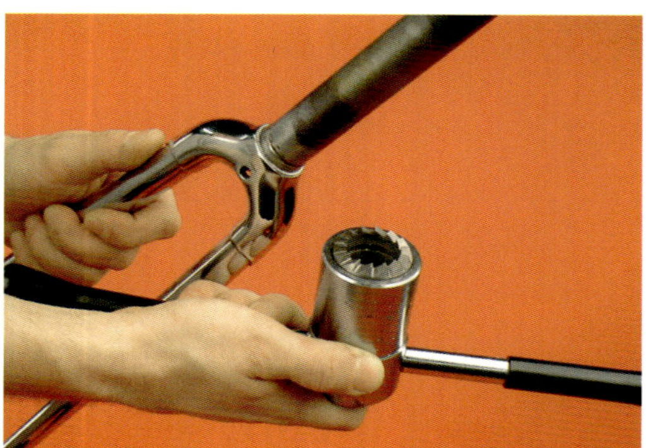

10 Achtung: Verwenden Sie ausschließlich ein Werkzeug, dass am Übergang vom Schaftrohr zum Gabelkopf einen Radius erzeugt. Bei schlechten Werkzeugen entsteht ein scharfkantiger Übergang, der den Bruch der Gabel auslösen kann!

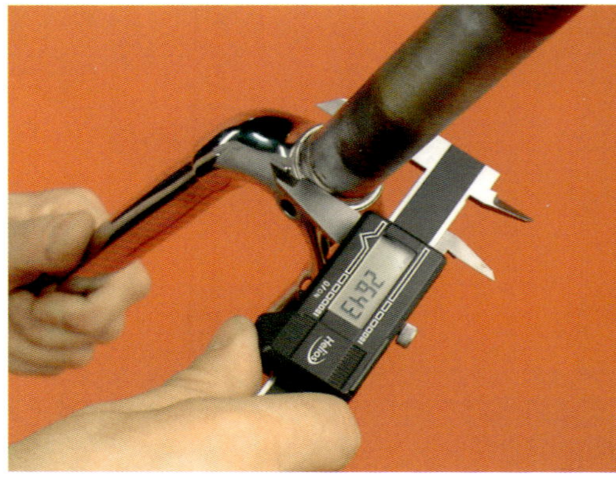

9 Messen Sie Lagersitz und Konus, fräsen Sie bei Bedarf den Lagersitz nach. Carbongabeln dürfen nicht gefräst werden!

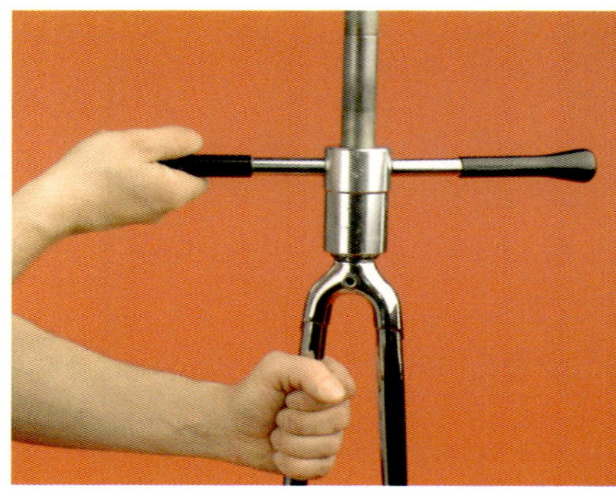

11 Drehen Sie das Werkzeug stets gleichmäßig ein und geben Sie regelmäßig Schneidöl zu.

12 Drehen Sie das Werkzeug so weit auf, bis der Fräser bündig und plan auf dem Gabelkopf aufliegt. Wischen Sie die Gabel mit einem Lappen gründlich sauber.

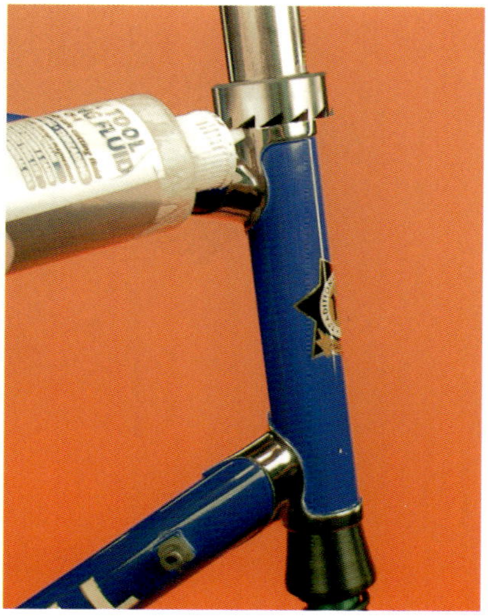

13

Fräsen Sie das Lenkungsrohr bei Bedarf mit einem speziellen Fräswerkzeug nach. Drehen Sie das Werkzeug gleichmäßig und schmieren Sie den Arbeitsbereich mit Schneidöl, damit das Werkzeug scharf bleibt und sich keine so genannten Aufbauschneiden bilden, die die Oberfläche der Schnittstelle zerstören können.

14

Die Spindel des Werkzeugs wird über einen Konus zentrisch im Lenkrohr gelagert, die vorgespannte Feder zieht das Werkzeug nach innen. Führen Sie den Fräser ganz hinein, bis die oberen Schneiden die Stirnseite rechtwinklig plan fräsen. Arbeiten Sie vorsichtig, damit die Beschichtung des Rahmens nicht abplatzt.

15

Die Fräser schrägen bei diesem Arbeitsgang die Rohrinnenseite etwas an. Durch diese so genannte Fase lassen sich die Lagerschalen besser ansetzen. Dieser Arbeitsgang muss von beiden Seiten durchgeführt werden. Reinigen Sie das komplette Lenkungsrohr mit einem Lappen.

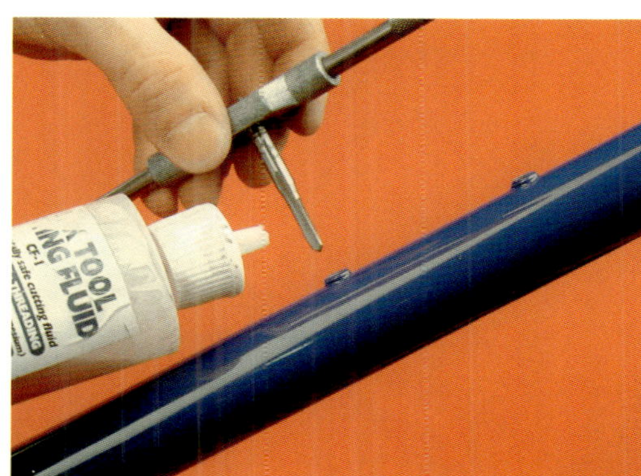

16

Schneiden Sie gegebenenfalls die restlichen Gewinde nach, vor allem die der Flaschenhalterösen, bevor Sie mit den Arbeiten am Tretlager beginnen. So können Sie die entstehenden Späne auch aus dem Inneren des Rahmens entfernen.

VORBEREITUNG DES TRETLAGERS

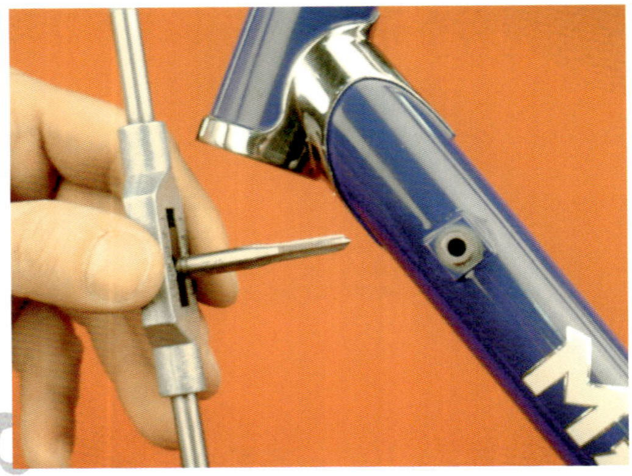

17 Achtung: Die Bohrungen in den Schalthebelsockeln sind nicht durchgängig ausgeführt, es handelt sich um Sacklöcher. Setzt die Bohrerspitze am Grund des Loches auf, bricht der Gewindeschneider sofort ab, wenn weitergedreht wird. Ein abgebrochener Bohrer lässt sich in der Regel kaum mehr entfernen, so dass eine Behelfslösung, etwa eine Schelle, die Zuganschläge halten muss. Gehen Sie deshalb äußerst behutsam vor, wenn Sie den Gewindebohrer eindrehen und halten Sie sofort inne, wenn Widerstand spürbar ist. Verwenden Sie wenn möglich spezielle Sackloch-Gewindebohrer.

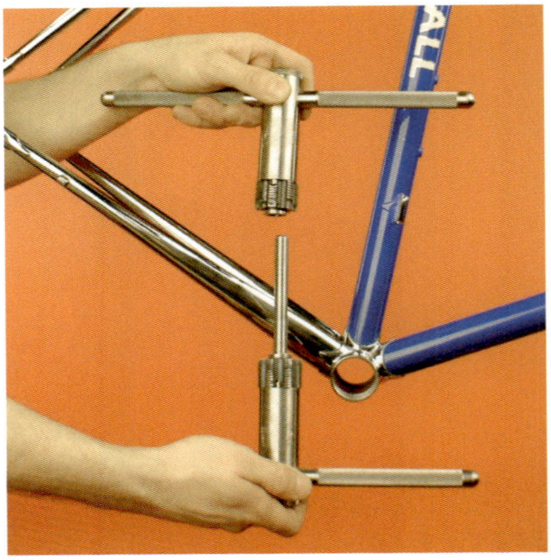

18 Die Gewindeschneider für das Tretlagergehäuse sind auf einer gemeinsamen Achse geführt, damit die Gewinde zueinander fluchten. Ölen Sie das Werkzeug und das Gewinde und schieben Sie die Führungen ineinander.

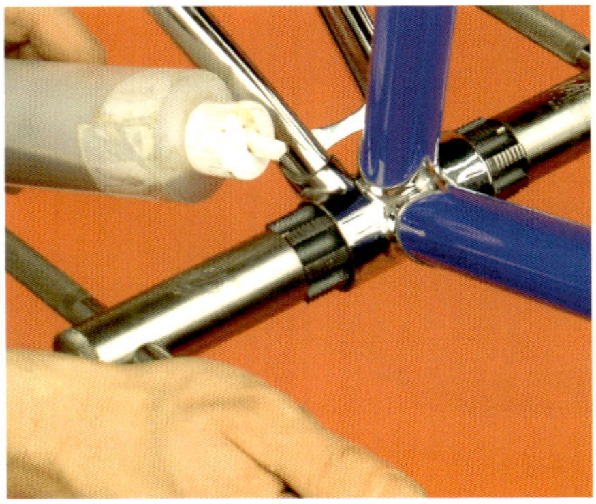

19 Setzen Sie beide Schneider gleichzeitig an, wobei die ersten Umdrehungen sehr leicht laufen sollten. Ist dies nicht der Fall, drehen Sie nochmals rückwärts und versuchen Sie es erneut.Geben Sie stets Schneidöl zu

20 Kurbeln Sie beide Schneideisen abwechselnd hinein, bis die hinteren Kanten der Gewindeschneider einen bis zwei Gewindegänge im Gehäuse liegen. Drehen Sie dabei die Gewindeschneider regelmäßig soweit rückwärts, bis die Späne abbrechen und schmieren Sie mit Schneidöl.

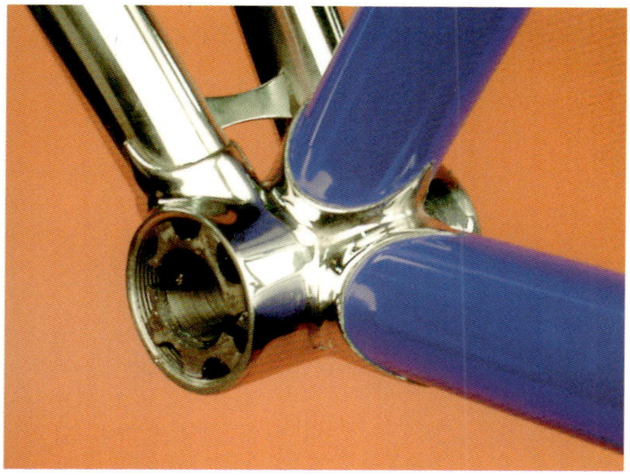

21 Drehen Sie das Werkzeug vollständig hinein.

22 Fräsen Sie die Stirnseiten des Tretlagergehäuses plan. Der Fräser wird mit einer Achse in eingeschraubten Gewindebuchsen oder den Gewindeschneidern geführt, was die Rechtwinkligkeit zum Gewinde gewährleistet.

23 Die Feder auf der gegenüberliegenden Seite des Fräsers sorgt für dessen richtigen Anpressdruck.

24 Reinigen Sie das Gehäuse mit Pressluft, oder wischen Sie es mit einem Lappen gründlich sauber. Achten Sie darauf, dass keine Metallspäne und keine Farbreste im Gewinde bleiben, denn sonst kann es zu Schwierigkeiten bei der Lagermontage kommen. Fetten Sie die Gewinde der Lagerschale und des Gehäuses, sowie dessen Stirnseite. Fetten Sie auch die Innenseite der Schale, dies vermeidet später im Betrieb Knackgeräusche, die zusammen mit der Lagerpatrone entstehen können.

LOOK
MAVIC

DURA-ACE
DURA-ACE

STEUERZENTRALE

Im Steuerrohr verborgen spielt sich ab, was das Rad zum lenkbaren Fahrzeug macht – damit das dauerhaft funktioniert, ist hohe Präzision gefragt.

Neben der Entscheidung für ein bestimmtes Rahmenmaterial und eine Marke, müssen Sie schon vor dem Kauf des Rahmens festlegen, welche Art von Lenkungslager Sie einbauen wollen, denn dies beeinflusst die Wahl der Gabel. Je nach System muss diese entweder einen exakt gekürzten Schaft mit Gewinde, oder einen langen gewindelosen Schaft aufweisen.

Die Ahead-Lagertechnik hat sich in den vergangenen Jahren auch beim Rennrad durchgesetzt. Das gewindelose System weist gegenüber dem klassischen Schaftvorbau mit der Konus-Klemmung deutliche Vorzüge auf. Der Lenker-Vorbaubereich wird steifer, das Gewicht sinkt bei intelligenter Teileauswahl und das Lager kann deutlich einfacher und mit weniger Werkzeug eingestellt werden. Zudem entfällt mit dem Gewinde des Gabelschaftes eine mögliche Bruchstelle.

Der klassische Vorbau lässt sich zwar einfach auf und ab schieben, der Verstellbereich beträgt jedoch maximal drei bis vier Zentimeter. Berücksichtigt man dagegen die Eigenheiten des gewindelosen Systems schon beim Aufbau des Rades, ist es deutlich variabler. Man darf den Gabelschaft bei der Montage nur nicht vorschnell und zu kurz absägen – dann hat sich das mit der Verstellbarkeit erledigt.

Der Gabelschaft muss beim Aufbau des Rades zunächst ungewohnt lang bleiben. Zwischen Vorbau und Lager werden einige Distanzringe, so genannte Spacer eingebaut, die den Lenker am Anfang sehr hoch fixieren. Zur Veränderung der Lenkerhöhe können die Spacer später mit wenigen Handgriffen von unterhalb des Vorbaus nach oben getauscht werden, wobei sich die Lenkerhöhe jeweils um die Höhe des getauschten Ringes verändert. Haben Sie nach ersten Fahrten die endgültige Lenkerposition gefunden, können die überständige Rohrlänge am Gabelschaft abgetrennt und die Spacer entfernt werden.

Damit das Lager eingestellt werden kann, muss zwischen der Oberkante des Gabelschaftes und der Unterkante des Deckels ein Spalt verbleiben – sonst sitzt der Deckel auf dem Schaft auf und kann den Vorbau nicht nach unten schieben. Ungefähr zwei Millimeter Abstand genügen, aber der Gabelschaft muss präzise rechtwinklig abgelängt werden. Ist der Abstand zwischen Gabelschaft und Deckel größer, wird die Fläche kleiner, mit der sich der Gabelschaft im Vorbau abstützt – eine unerwünschte Folge, denn das schmälert die Betriebssicherheit.

Achten Sie darauf, dass der Ahead-Vorbau, den Sie auf eine Carbonschaft-Gabel montieren wollen, am Übergang zwischen Schaftklemme und eigentlichem Vorbaustutzen kein Loch aufweist: Durch die auftretenden Klemmkräfte weicht das flexiblere Carbonmaterial der Gabel in dieses Loch aus, was die Struktur des Schaftes schwächt.

Die Auswahl des Vorbaus beeinflusst die Position des Lenkers maßgeblich. Viele Vorbauten werden sowohl in abgestuften Längen als auch in verschiedenen Winkelstellungen angeboten. Mit einer Neigung von 73, beziehungsweise minus 17 Grad werden Vorbauten bezeichnet, deren Oberkante – montiert – parallel zum Oberrohr verläuft. Vorbauten mit 0 beziehungsweise 90 Grad stehen in rechtem Winkel zum Schaft, weisen also leicht nach oben.

Zusätzlich können viele Vorbauten um 180 Grad auf dem Gabelschaft gedreht werden. Bei diesen so genannten Flip-Flop-Vorbauten ergibt sich je nach Winkelstellung und Länge eine Höhendifferenz von bis zu 60 Millimetern zwischen den Positionen.

Da Carbongabeln in den vergangenen Jahren bei Rennradfahrern sehr beliebt geworden sind, andererseits aber auch sensible Bauteile sind, zeigen wir die Gabelmontage sowohl an einem Carbonmodell als auch an einer Alugabel.

LENKUNGSLAGER EINZIEHEN

1

Messen Sie die Lagersitze des Lenkungslagers an verschiedenen Stellen und achten Sie darauf, dass Sie den Messschieber nicht schräg ansetzen. Der Durchmesser sollte bei Stahlrahmen zwischen 30,0 und 30,05 mm liegen, bei Aluminiumrahmen zwischen 30,05 und 30,1 mm, wenn das Lager maßhaltig gefertigt ist. Ist der Durchmesser kleiner, muss nachgeschnitten werden, sonst besteht die Gefahr, dass das Lenkungsrohr Schaden nimmt, wenn die Lagerschalen eingezogen werden. Prüfen Sie, ob die Stirnseite rechtwinklig zum Rohr verläuft. Stimmen diese Werte nicht, müssen Sie den Rahmen nachbearbeiten. Fetten Sie die Lagersitze und die Außenseiten der Lagerschale ein, bevor Sie die Schalen zusammen mit dem Einziehwerkzeug ansetzen.

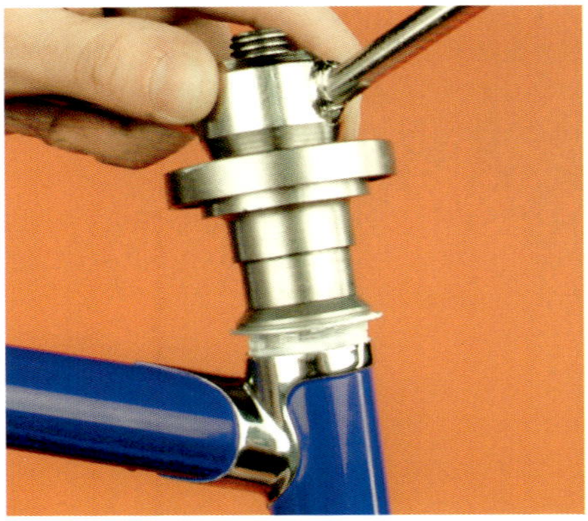

2

Achten Sie darauf, dass beide Schalen gleichmäßig in das Lenkrohr hineingezogen werden und dabei nicht verkanten.

3

Ziehen Sie die Schalen richtig fest.

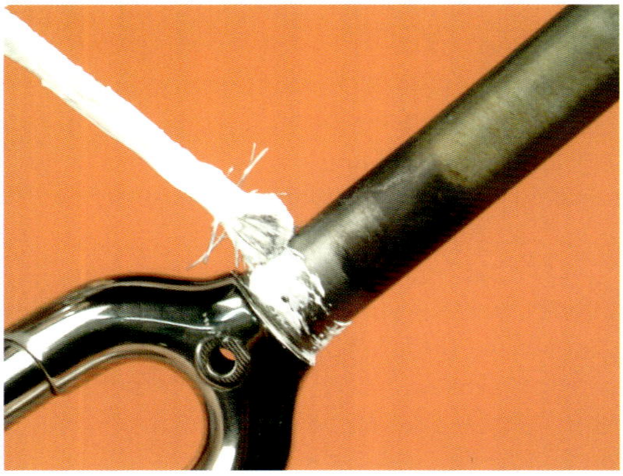

4

Messen Sie den Konussitz auf der Gabel. Das Maß sollte maximal 0,1 mm größer sein als der Innendurchmesser des Konusrings, dessen Nennmaß 26,4 mm betragen sollte. Fetten Sie den Lagersitz und den Konusring.

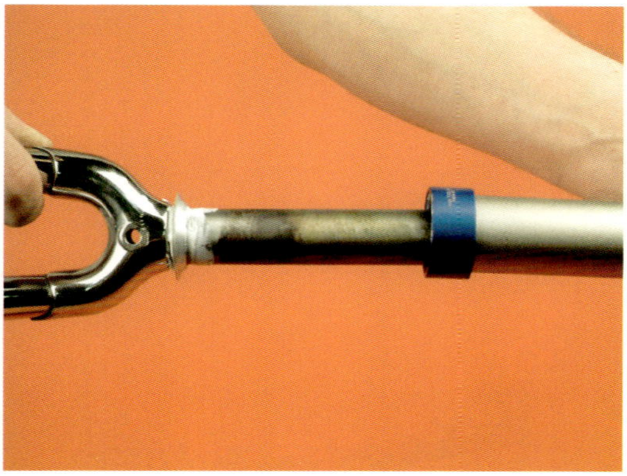

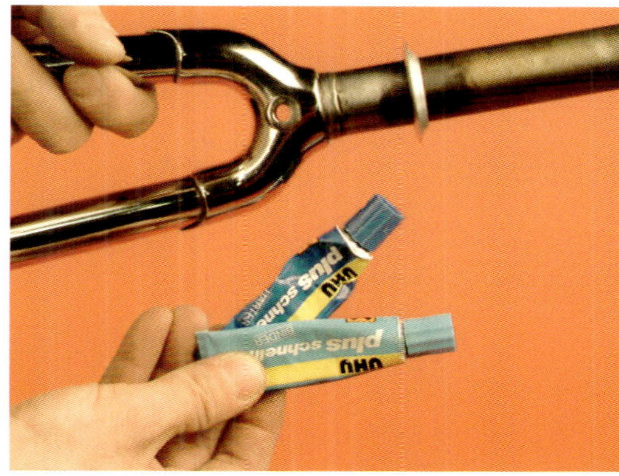

5 Schlagen Sie den Ring mit einem speziellen Aufschläger oder einem passenden Stück Alu-Rohr auf die Gabel.
Wenn der Gabelkonus tolerierbares Übermaß von bis zu einem Zehntel Millimeter aufweist, fetten Sie ihn, damit der Lagerkonus auf den Lagersitz gleiten kann. Bei präziser Passung oder Untermaß des Gabelkonus sollte kein Fett verwendet werden.

6 Lässt sich der Konus leicht aufschieben, weil die Passung nicht perfekt ist, sollte er mit Zweikomponenten-Kleber auf Epoxydharz-Basis zusätzlich gesichert werden. Mischen Sie den Kleber gemäß der Anleitung und verteilen Sie ihn gleichmäßig auf dem Lagersitz der Gabel, bevor Sie den fett- und ölfreien Lager-Konus aufschlagen. Wischen Sie überschüssigen Klebstoff sofort ab und lassen Sie den Kleber aushärten.

7 Fädeln Sie die Einzelteile des unteren Lagers auf die Gabel. Bei Schrägrollenlagern läuft der Rollenkäfig zwischen zwei Stahlringen.

8 Reinigen Sie das Schaftrohr, setzen Sie die untere Lagereinheit zusammen und führen Sie die Gabel in den Rahmen ein. Legen Sie den oberen Lagerring in die Schale und drehen Sie die Konusschale auf den Schaft. Lässt sich das Lager einstellen? Wenn das Gewinde nicht ausreicht, müssen Sie es nachschneiden.

LENKUNGSLAGER

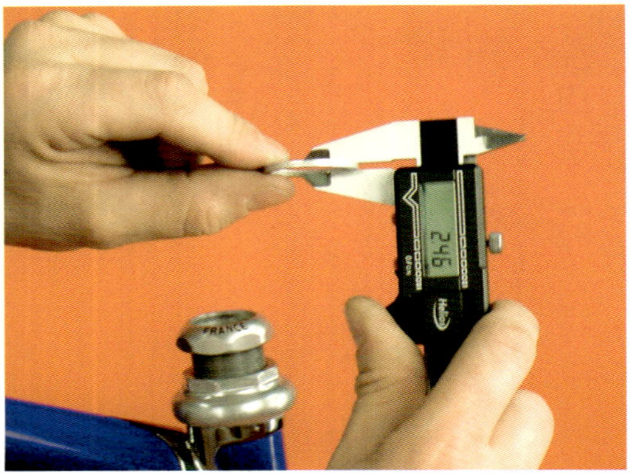

9 Drehen Sie die Kontermutter ganz auf die Gabel. Messen Sie auch die Stärke der Beilagscheibe und merken Sie sich den Wert.

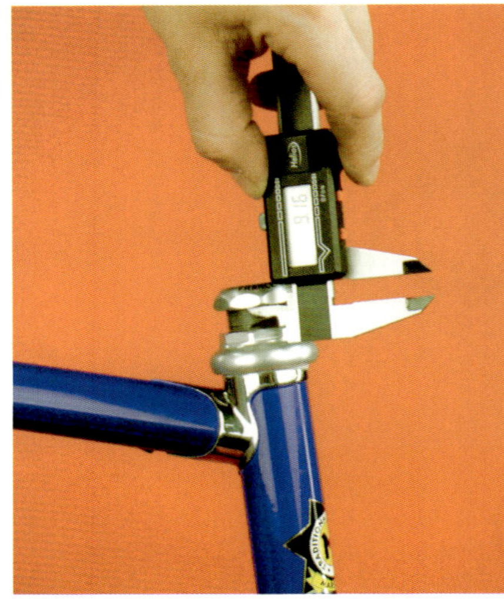

10 Messen Sie den Abstand zwischen der Oberkante der Lagerschale und der Kontermutter. Subtrahieren Sie den Wert der Beilagscheibe.

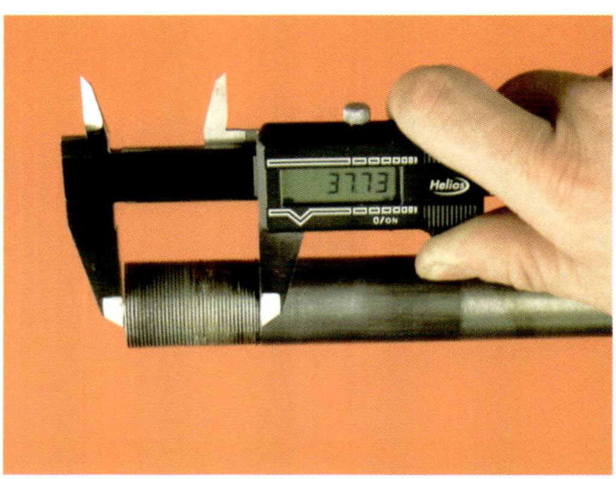

11 Messen Sie die Länge des verbleibenden Gewindes aus. Das Restgewinde sollte keinesfalls länger als 45 mm sein. Ist das Gewinde länger, sollten Sie die Gabel nicht montieren, denn es besteht Bruchgefahr!

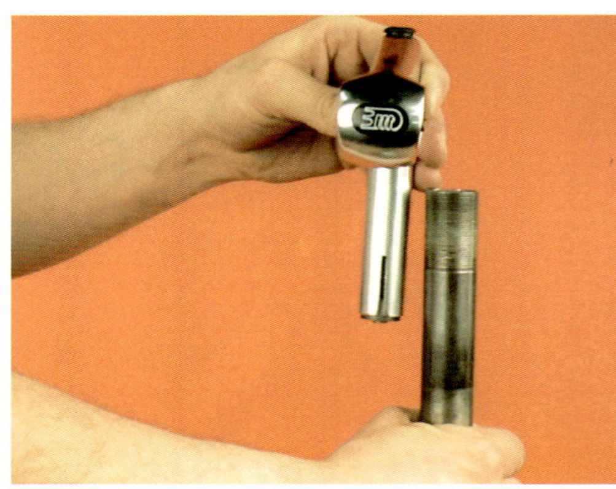

12 Überprüfen Sie, ob die Klemmung des Schaftvorbaus außerhalb des Gabelgewindes liegt. Klemmt der Vorbau im Bereich des Gewindes, ist das eine potenzielle Bruchstelle.

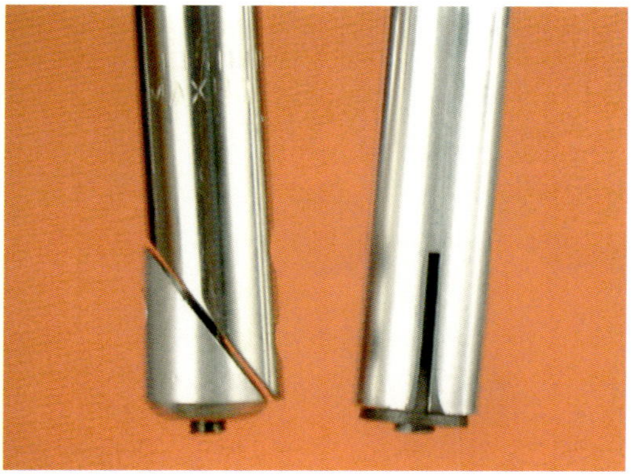

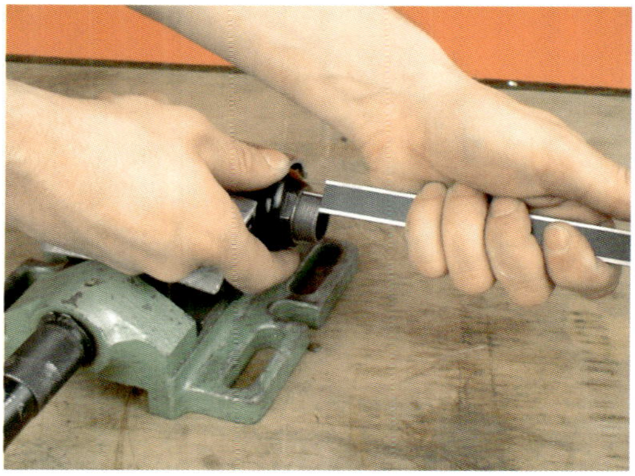

13 Von den beiden Varianten mit Klemmkonus (links) und Spreizkonus ist der Klemmkonus zu bevorzugen. Die Klemmkräfte werden auf einer größeren Fläche verteilt, während der Spreizkonus (rechts) das Gabelschaftrohr punktuell, bzw. ringförmig belastet.

14 Bauen Sie die Gabel wieder aus und tragen Sie den zuvor errechneten Abstand von oben her am Gewinde ab. Addieren Sie einen Gewindegang, das schafft Platz für den späteren Kontervorgang. Markieren Sie die Stelle.

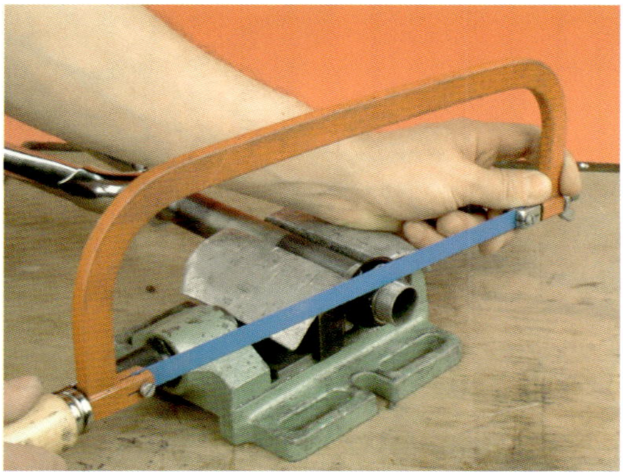

15 Drehen Sie eine alte Lagerschale aus Stahl oder ein passendes Werkzeug als Führung für das Sägeblatt auf das Gewinde und sägen Sie den Schaft daran entlang an der Markierung ab.

16 Feilen Sie den Schaft rechtwinklig, das heißt plan zur aufgedrehten Mutter. Glätten Sie mit Schmirgelleinen. Entgraten Sie den Schaft außen sorgfältig. Drehen Sie erst jetzt die Mutter ab, dann wird das Gewinde, das durch die Bearbeitung gelitten hat, wieder gerichtet.

LENKUNGSLAGER

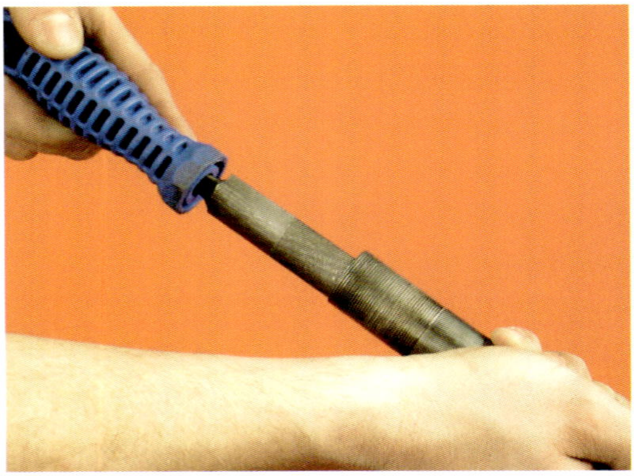

17 Entgraten Sie den Schaft auch innen sorgfältig. Wachsen Sie den Gabelschaft innen und außen ein, und lassen Sie das Wachs antrocknen.

18 Führungsnasen an der Beilagsscheibe, die zwischen die obere Lagerschale und der Abschlussmutter beigelegt wird, sind bei den aktuellen Lagern nicht mehr erforderlich.

19 Wenn Ihre Gabel keine Nut hat, feilen Sie den Überstand im Ring ab, denn dies ist sicherer, als eine schwächende Nut in die Gabel zu feilen!

20 Füllen Sie die Lager mit Fett und montieren Sie die Gabel zusammen mit den Lagerteilen. Stellen Sie das Lager mit der oberen Lagerschale grob ein, halten Sie die Schale mit dem Maulschlüssel fest und kontern Sie mit der Abschlussmutter. Die Endeinstellung erfolgt auch hier, wenn die Laufräder eingebaut sind.

BESONDERHEITEN INTEGRIERTER LAGER

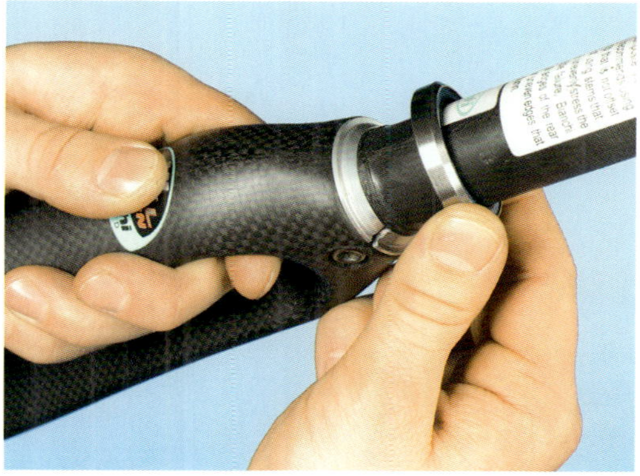

1 Beim integrierten oder teilintegrierten System sind die äußeren Lagerschalen Bestandteil des Rahmen-Steuerrohres oder sie werden als separate Teile vom Radhersteller eingepresst. Das ermöglicht fließende Übergänge von Steuerrohr zu Gabel und Vorbau.

2 Gabelkonen werden heute überwiegend mit einem Schlitz versehen, sodass man sie recht einfach auf den Gabelschaft aufschieben kann. Die Lager integrierter Steuersätze bilden aus Außenring, Kugeln, Innenring und Dichtungen eine Einheit. Achten Sie auf die richtige Lage der Konusflächen zueinander.

3 Ohne Fett verschleißen auch komplette Lager schnell und gehen kaputt. Fetten Sie deshalb nicht nur die Konen, sondern die gesamten Lagereinheiten und Schalen reichlich, um Leichtlauf zu sichern und Korrosion vorzubeugen.

4 Die Spalte zwischen den Abdeckungen und Rahmen sowie zwischen Gabelkopf und Rahmen sollten gleichmäßig schmal sein. Wenn nicht, laufen möglicherweise auch die Lager rau – dann sollte der Rahmen darauf kontrolliert werden, dass die Lagersitze parallel sind.

KING
KING
HSC
look
carbon

EXKLUSIV: DIE CARBONGABEL

Sie sparen Gewicht, erhöhen den Komfort und sehen gut aus – aber nur, wenn sie fachmännisch eingebaut sind. Weil bei Carbon stets die Ahead-Technik zum Einsatz kommt, zeigen wir den Einbau an diesem Beispiel.

Der Stoff, aus dem die Träume sind, ist ganz schön empfindlich: Carbon will gut behandelt werden, als Rohstoff ebenso wie als Gestalt gewordenes Hightech-Produkt. Als Schmuckstück des Renners sind die Carbon-Gabeln gut in Form; damit sie's auch beim Fahren lange bleiben, verlangt die Montage größtmögliche Sorgfalt. Auch die Qualität des Vorbaus ist wichtig. Passen die Teile nicht exakt zueinander, klemmt der Vorbau den Gabelschaft nicht präzise – ständiges Lockern des Lenkungslagers ist da noch das geringste Übel.

Ein wichtiges und zugleich wenig beachtetes Teil bei der Gabelmontage sind die Klemm-Stopfen, die im Inneren des Gabelschaftes sitzen und das Gegenstück der Schraube bilden, mit der das Lenkungslager eingestellt wird. Modelle, die als Kralle oder Stern ausgeformt sind, haben in einer Carbon-Gabel eigentlich nichts zu suchen. Besser sind flächige Klemm-Stopfen, die nach dem Konusprinzip arbeiten und beim Eindrehen der Schraube aufgeweitet werden. Diese Klemmen steifen gleichzeitig den Schaft innen aus – so kann der Vorbau die Carbonfasern des Gabelschaftes nicht beschädigen. Nicht alle Klemmen funktionieren mit allen Gabeln gleich gut, etwas Nacharbeit oder der Tausch gegen ein anderes Exemplar kann Ärger vermeiden.

■ *Ein wichtiger Hinweis: Es sind schon mehrfach Fälle bekannt geworden, in denen Carbon-Staub allergische Reaktionen bei Personen ausgelöst hat, die mit dem Material gearbeitet haben. Schützen Sie sich deshalb zu Ihrer eigenen Sicherheit bei den beschriebenen Arbeiten vor intensivem Kontakt mit Spänen und Abrieb.*

CARBONGABEL-MONTAGE

1

Messen Sie zuerst Lagerkonus und Gabel nach. Bei Gabeln mit 1-Zoll-Schaft (25,4 mm) sind Lager mit einem Nenndurchmesser von 26,4 mm gebräuchlich, wobei hier starke Toleranzen auftreten. Es gibt auch Lagerkonen mit 27,0 mm Nenndurchmesser. Bei 1-1/8-Zoll-Gabeln (Schaftdurchmesser 28,6 mm) beträgt das Nennmaß 30,0 mm.

CARBONGABEL-MONTAGE

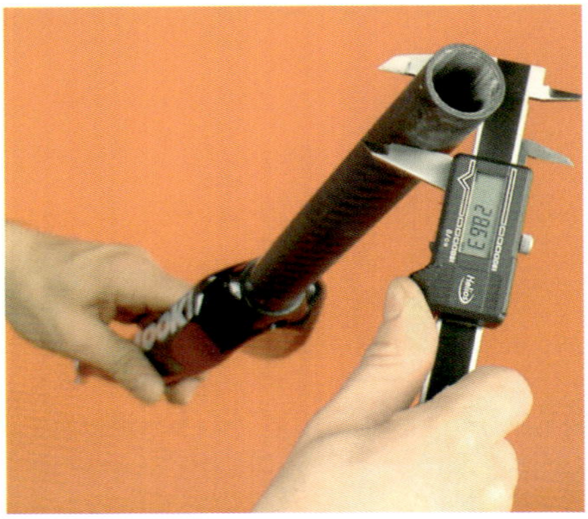

2

Der Lagersitz auf der Gabel sollte rund sein, der Durchmesser nicht mehr als einen bis zwei Zehntel Millimeter größer als der Innendurchmesser des Konus. Kleiner als 26,4 mm/30,0 mm sollte der Lagersitz auch nicht sein, sonst lässt sich ein präzise gefertigter Lagerkonus nicht fest aufpressen. Unter Belastung kann sich der Konus in das Gabelmaterial arbeiten. Bearbeiten Sie den Lagersitz des Gabelkonus nicht mit einem Fräswerkzeug, das kann Kerben verursachen – mögliche Bruchstellen des Gabelschaftes.

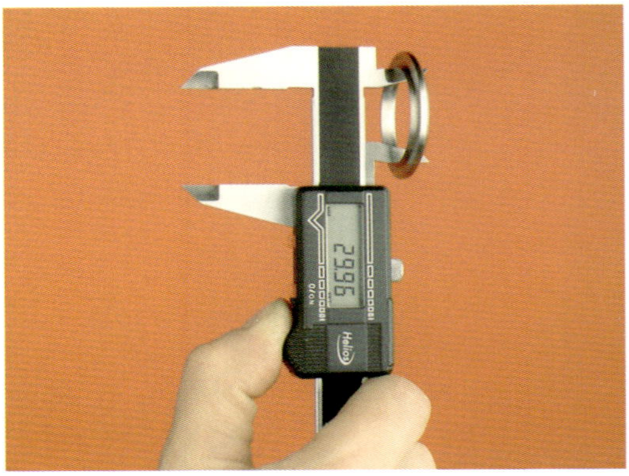

3

Achten Sie bei den Kontaktflächen von Lager- und Gabel-Konus auf Sauberkeit. Wenn der Gabelkonus tolerierbares Übermaß von bis zu einem Zehntel Millimeter aufweist, fetten Sie ihn, damit der Lagerkonus auf den Lagersitz gleiten kann. Bei präziser Passung oder Untermaß des Gabelkonus darf kein Fett verwendet werden.

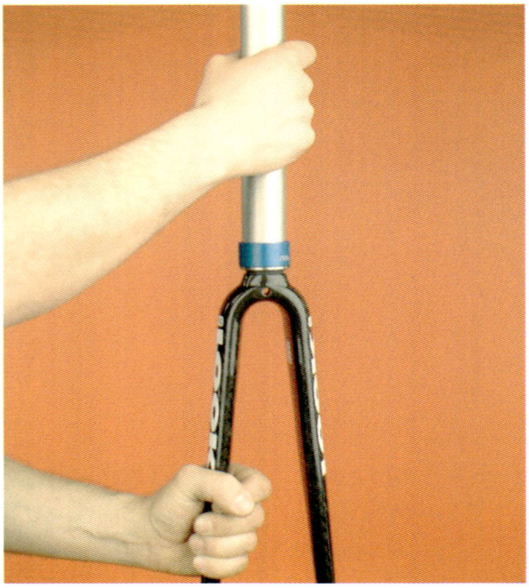

4

Schlagen Sie den Lagerkonus auf. Halten Sie dabei die Gabel in der Hand und setzen Sie diese keinesfalls auf einer harten Oberfläche ab, sonst können Schäden auftreten.

5

Der Lagerkonus muss exakt waagerecht auf dem Lagersitz liegen, sonst verkantet die Gabel. Lässt sich der Konus leicht aufschieben, weil die Passung nicht perfekt ist, sollte er mit Zweikomponenten-Kleber auf Epoxydharz-Basis zusätzlich gesichert werden.

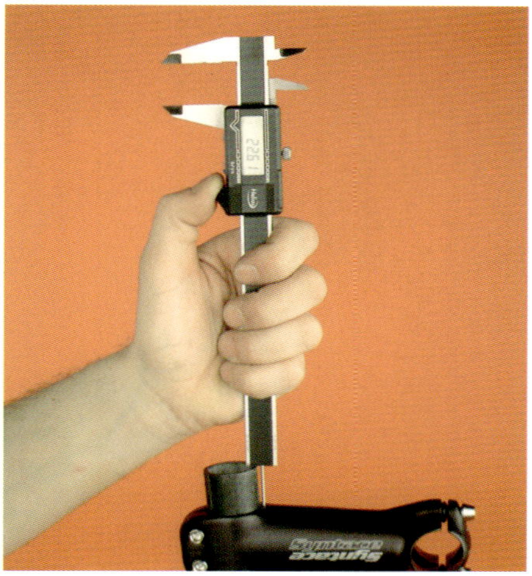

6

Bauen Sie alle Teile des Lenkungslagers zusammen, stecken Sie die gewünschte Zahl von Spacern unter den Vorbau und markieren Sie die Oberkante des Vorbaus. Bringen Sie dabei kein Fett oder Öl auf den Gabelschaft im Klemmbereich des Vorbaus, da dieser sonst später nie fest wird! Stecken Sie lieber zu Beginn mehr Spacer unter den Vorbau, wenn Sie dessen endgültige Position noch nicht gefunden haben.

7

Spannen S e die Gabel zum Absägen nicht in den Schraubstock ein, der Schaft könnte zerstört werden! Opfern Sie stattdessen einen alter Vorbau, ent ang dessen Oberkante Sie den Gabelschaft präzise absägen können. So kann auch das Schaftende nicht aufspleißen. Spannen Sie den Vorbau in einen Schraubstock und kürzen Sie den Schaft mit einer Metallsäge mit scharfem Blatt rund zwei Millimeter unterhalb der unter Punkt 6 angebrachten Markierung. Diese Differenz benötigen Sie, um später das Lenkungslager einstellen zu können. Sägen Sie mit geringem Druck, damit die Fasern im Rohr nicht gelöst werden.

8

Entgraten Sie die Schnittstelle zuerst bündig zur Montagehilfe, wie im Bild zu sehen.

9

Entfernen Sie den alten Vorbau und runden Sie die Sägekante mit der Feile immer in Richtung des Faserverlaufs.

CARBONGABEL-MONTAGE

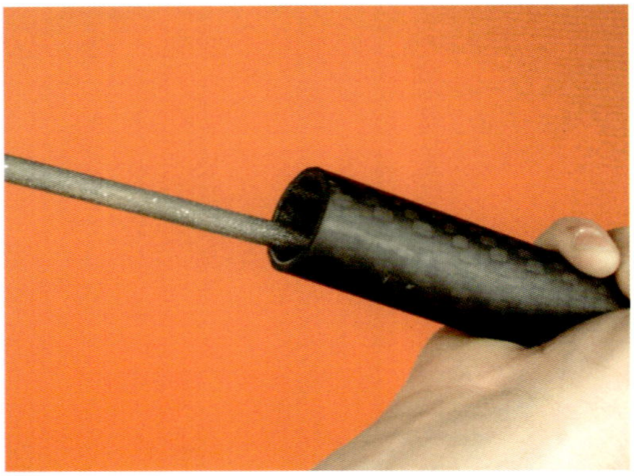

10 Glätten Sie mit einer Rundfeile auch den inneren Rand des Gabelschaftes.

11 Versiegeln Sie die Schnittstelle mit Zweikomponenten-Klebstoff oder Sekundenkleber. Dabei können Sie auch möglicherweise gelöste Fasern wieder festkleben. Montieren Sie die Gabel nach dem Ablüften des Klebstoffs im Rahmen und klemmen Sie den Vorbau gerade so fest, dass die Gabel durch das eigene Gewicht nicht nach unten herausfällt. Wichtig: kein Fett an Vorbau und Schaft!

12 Zerlegen Sie den Mechanismus der Lenkungslager-Abstützung und kontrollieren Sie den Mechanismus zum Beispiel auf Grate, die verhindern könnten, dass die Teile leicht aufeinander gleiten. Entfernen Sie solche Grate mit Feile und Schmirgelleinen.

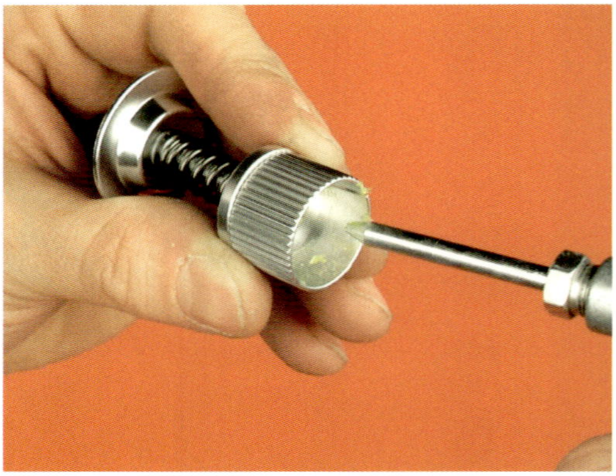

13 Fetten Sie sehr sparsam die aufeinander gleitenden Flächen, die Gewinde und den Bereich unter den Schraubenköpfen. Es darf kein Schmierstoff auf die Außenseite gelangen, sonst klemmt die Abstützung nicht mehr.

14 Spreizen Sie den Klemm-Mechanismus so weit auf, dass er sich gerade noch in den Schaft einführen lässt. Schieben Sie den Klemm-Stopfen hinein, bis der Deckel aufliegt.

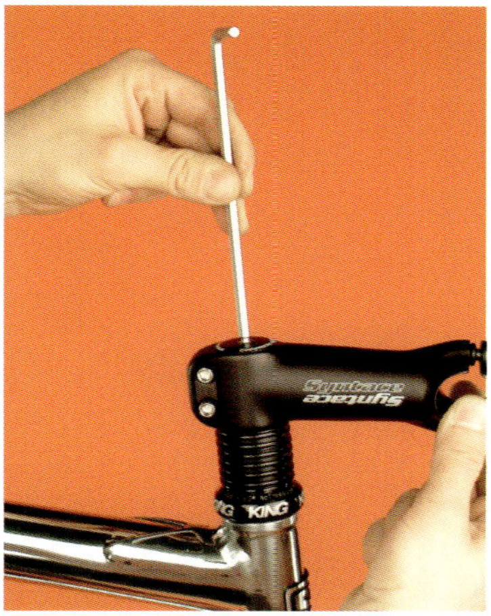

15 Drehen Sie die zentrale Schraube an. Dabei wird die Lagerluft eingestellt und der Mechanismus befestigt. Vorsicht: Hier wird behutsam das Lagerspiel eingestellt und keine Verbindung festgezogen! Bei Mechanismen, bei denen die Klemme zuerst eingeschraubt und dann das Lager mit separatem Gewinde justiert wird, drehen Sie den Einstelldeckel zwei bis fünf Umdrehungen auf, nachdem Sie den Konus vorgespannt haben. Schieben Sie dann den Mechanismus hinein, bis der Deckel aufliegt. Entfernen Sie den Einstelldeckel, ziehen Sie die Klemmschraube fest und montieren Sie den Deckel wieder. Stellen Sie das Lagerspiel mit dem Deckel ein.

16 Sind eine zentrale Schraube mit einer Aufnahme für einen 5 mm-Innensechskant und ein Deckel mit zwei Bohrungen für Stiftschlüssel vorhanden, wird das Lager durch Verdrehen des Deckels über die zwei Bohrungen eingestellt. Vorsicht: Auch hier geht's um die behutsame Einstellung des Lagerspiels, nicht um das Anziehen der Verbindung!
Wenn alle Punkte beachtet wurden, sind in der Regel nur geringe Anzugskräfte für die seitlichen Klemmschrauben des Vorbaus erforderlich. Tasten Sie sich mithilfe eines Drehmomentschlüssels beginnend bei 4 Nm in Schritten von 0,5 Nm an den festen Sitz des Vorbaus heran. Überschreiten Sie keinesfalls das maximale Drehmoment, das Gabel- oder Vorbauhersteller angeben.

GABEL MIT METALLSCHAFT

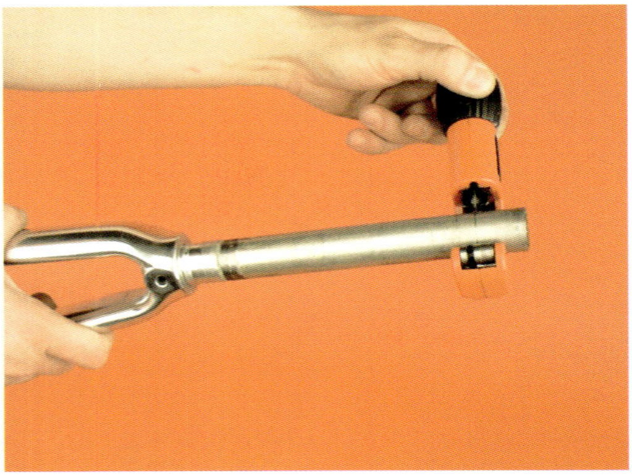

17 Wenn Sie statt einer Carbon-Gabel eine Stahl- oder Alu-Gabel mit Ahead-Vorbau montieren, sind die Montageschritte prinzipiell die gleichen. Zum Kürzen des Gabelschaftes verwenden Sie in diesem Fall einen speziellen Rohrschneider.

18 Die Klinge des Rohrschneiders wird um den Schaft herumgeführt und schneidet dabei das weichere Material.

19 Entgraten Sie die Schnittkanten innen und außen gründlich.

20 Stahlschäfte sind für die Aufnahme von Krallen geeignet. Setzen Sie die Kralle mit dem Werkzeug rechtwinklig an und treiben Sie sie bis zum Anschlag ein.

KLEMMSTOPFEN – KLEINE TEILE, GROSSE WIRKUNG

Hersteller	Point	Mizuno/ Pesenti	Reynolds	Rudelli	Look/ Columbus/Point	Profile
Gewicht	60 g	36 g	40 g	30 g	33 g	38 g
Durchmesser	22,1 mm	19,0 mm	20,6 mm	22,0 mm	20,0 mm	19,5 mn
Verstellbereich	bis 23,6 mm	bis 19,4 mm	bis 22,0 mm	bis ca. 25mm	bis 20,7 mm	bis 27,5

PROFI-INFO CARBON-GABELN

■ Carbonschäfte sind teilweise relativ unpräzise gefertigt, weshalb es zu Problemen bei der Auswahl des passenden Vorbaus kommen kann. Messen Sie den Schaft der Gabel an mehreren Stellen des Umfangs nach. Bei 1-Zoll-Gabeln beträgt der Soll-Durchmesser 25,4 mm, bei 1-1/8 Zoll 28,6 mm. Nur wenn der Schaft rund, maßhaltig und frei von Fertigungsspuren ist, besteht die Chance, dass Vorbauten zuverlässig klemmen. Stimmen die Daten des Schaftes, prüfen Sie, ob sich der Vorbau satt aufschieben lässt. Montieren Sie keine Vorbauten, die auf dem Schaft Spiel aufweisen.

■ Asymmetrisch klemmende Vorbauten wie das ITM-Modell „Big One" und Segmentklemmungen, wie sie beim Syncros-Straßenvorbau oder dem Model „Forge Ahead" von 3T vorkommen, können den sensiblen Carbon-Schaft zerstören. Deshalb dürfen nur Vorbauten mit symmetrischer Außenklemmung verwendet werden, die über die gesamte Umfangsfläche klemmt. Der Schlitz des Vorbaus muss möglichst schmal sein.

■ Vorbauten mit vielen Aussparungen im Klemmbereich und solche, die im Klemmbereich ein großes Loch nach vorne hin zum eigentlichen Vorbau aufweisen, sind ebenfalls wenig geeignet. Der Gabelschaft stützt sich eventuell nur wenige Millimeter an der Oberkante des Vorbaus ab, was zur dauerhaft sicheren Klemmung nicht genügt! Empfehlenswert sind Vorbauten, die speziell für Carbonschäfte ausgelegt sind, zum Beispiel das Modell „Roadhead" von Syntace oder die überarbeitete Version des Syntace „Megaforce 260".

■ Als Behelfslösung kann ein Zwischenring (Spacer) oberhalb des Vorbaus aufgesteckt werden. So kann sich der Vorbau über eine längere Fläche am Gabelschaft abstützen. Besser ist jedoch ein geeigneter Vorbau. In 1-1/8-Zoll-Vorbauten kann eine Reduzierhülse die Kanten und Durchbrüche zum Gabelschaft hin abdecken. Passgenauigkeit vorausgesetzt, kann dies eine brauchbare Problemlösung bei der Verwendung zusammen mit einer Ein-Zoll-Gabel sein.

HÖHENMESSER

Vorbau-Winkel -Länge	-17	-8	0	+8	+17
70 mm	-20,5	-9,7	0	+9,7	+20,5
90 mm	-26,3	-12,5	0	+12,5	+26,3
110 mm	-32,6	-15,3	0	+15,3	+32,6
130 mm	-38	-18,1	0	+18,1	+38

In der Tabelle kann man ablesen, wie groß der Höhenunterschied ist, der sich aus der Verwendung eines Vorbaus mit anderem Winkel ergibt. Lesebeispiel: Ein 90 Millimeter langer Vorbau mit minus acht Grad bringt den Lenker 12,5 Millimeter tiefer. Der Höhenunterschied bei einem Flip-Flop-Vorbau ergibt sich aus der Addition der beiden Werte bei gleicher Gradzahl. Bei einem 130 Millimeter langen Vorbau mit 17 Grad sind das folglich satte 76 Millimeter.

TIPPS & TRICKS

■ *Die Reduzierhülse von Syntace ist an der Oberfläche angeraut und vergrößert damit die Reibung. Dadurch klemmt der Vorbau besser auf dem Gabelschaft.*

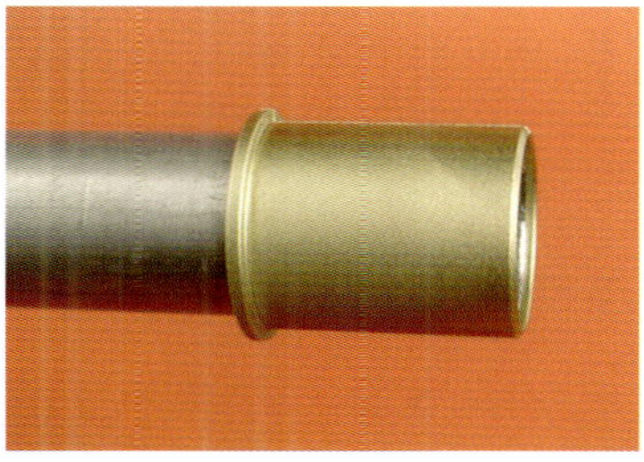

HALTBAR

Er liegt gut zur Hand – oder sollte es zumindest: Der Rennlenker ist ein zentrales Bauteil für die Sicherheit des Fahrers und muss gewissenhaft montiert werden.

Verschiedene Lenkertypen unterscheiden sich außer beim Gewicht auch in Tiefe und Form des Bogens. Bei runden Bögen reichen Fahrer mit kleineren Händen besser an die Bremsgriffe. Ein gerades Griffstück bietet dagegen der Handinnenfläche mehr Auflage. Lenker gibt es in verschiedenen Breiten. Faustregel: Der Lenker sollte schulterbreit sein. Leichtbau-Lenker federn erfahrungsgemäß etwas besser, was dem Fahrkomfort zugute kommt. Doch die Verwendung eines Leichtlenkers erfordert besondere Sorgfalt. Treffen ungünstige Rahmenbedingungen zusammen, wird ein Leichtbau-Lenker zum Verschleißteil, das zumindest regelmäßig kontrolliert, wenn nicht sogar erneuert werden muss. Nach einem Sturz sollte das bei jedem Lenker obligatorisch sein.

Wichtig ist die Beachtung der richtigen Abmessungen. Der Durchmesser der Lenkermanschette muss präzise zum Innendurchmesser des Vorbauauges passen. Bei Rennrädern sind hauptsächlich 25,8 mm und 26,0 mm üblich, aber einige Hersteller fertigen auch Produkte mit 25,4 mm bzw. 26,4 mm (Cinelli). Die Differenz der Durchmesser sollte maximal einen Zehntel Millimeter betragen.

LENKERMONTAGE

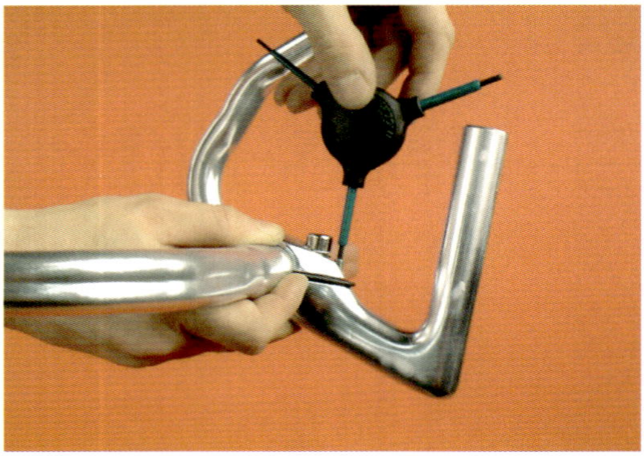

1 Nicht nur beim Neuaufbau des Rades montieren Sie den Lenker in konventionelle Vorbauten sinnvollerweise bei ausgebautem Vorbau. Viele Vorbaumodelle verfügen an der Unterseite über eine Stiftschraube, mittels derer das Vorbauauge – bei geöffneter Vorbauschraube – aufgespreizt werden kann. So lässt sich der Lenker leichter einfädeln.

2 Fädeln Sie den Lenker in den Vorbau. Dabei müssen Sie Lenker und Vorbau gegeneinander verdrehen, sodass die schmalste Stelle des Klemmbereichs immer auf der Innenseite des Bogens liegt. Ziehen Sie die Klemmschraube leicht an.

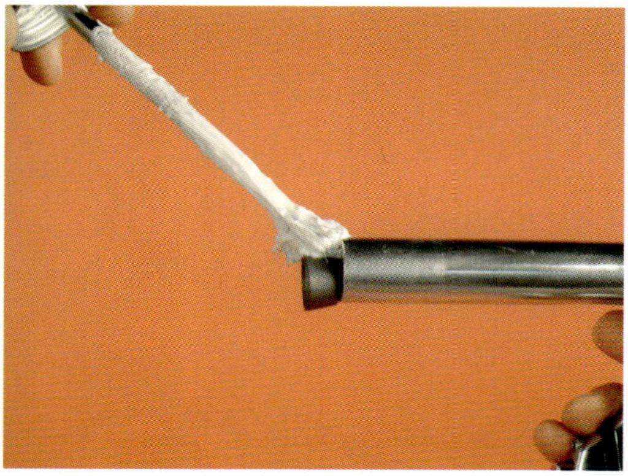

3 Fetten Sie den Vorbauschaft und den Klemmkonus und stecken Sie den Vorbau in den Gabelschaft.

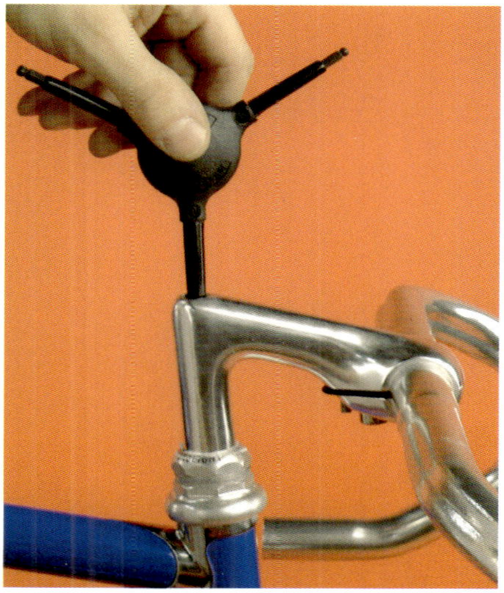

4 Der Vorbau muss mindestens bis zur Markierung der maximalen Auszugshöhe eingeschoben werden. Spannen Sie die Schaftklemmung über die zentrale Innensechskantschraube.

5 Öffnen Sie zur Montage des Lenkers an einem Ahead-Vorbau die Deckelschrauben und nehmen Sie den Deckel ab. Legen Sie den Lenker in die Mulde und richten Sie ihn mittig aus. Ziehen Sie die Schrauben am Vorbauauge leicht an. Achten Sie beim Aufschrauben des Deckels darauf, das der Klemmspalt auf beiden Seiten gleich breit ist.

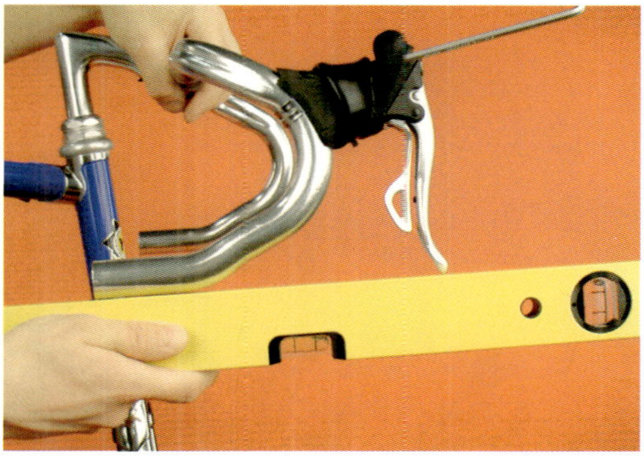

6 Entspannen Sie zur Montage der Schaltbremsgriffe die Bandage. Die Schraube dafür befindet sich seitlich außen unter der Gummihülle des Griffstückes. Richten Sie die Bremsgriffe gerade nach vorne aus. Idealerweise bilden das Ende des Bremshebels und die Unterkante des Unterlenkers eine Linie. Fahrer mit kleinen Händen schieben die Griffe weiter nach unten, dadurch kommen sie näher an den Bogen.

PROFILE DESIGN

PROFILE DESIGN

DURA-ACE
SHIMANO SG 55-42 9S
DURA-ACE
DURA-ACE
ELITE PRO
PROFILE DESIGN
172.5

Tretlager

STERNKUNDE

Der Kurbelstern macht den schönen Eindruck, das Innenlager die Arbeit: Für viele problemlose Kilometer sind allerdings ein paar Montage-Tricks zu beachten.

Hohe Steifigkeit und geringes Gewicht sind zweifellos wichtige Kriterien für gute Innenlager und Kurbeln – aber nicht die einzigen, die beim Kauf berücksichtigt werden sollten. Das Aussehen spielt eine Rolle, außerdem die Möglichkeit, eine individuelle Übersetzung montieren zu können. Und die Kröpfung der Kurbeln, sprich die Abflachung im Bereich der Achse, entscheidet darüber, ob der Radler mit den Knöcheln ständig an der Kurbel schrammt oder Platz genug für den runden Tritt findet. Auch folgende Abmessungen sind wichtig für die problemlose Montage:

- Gewinde des Tretlagergehäuses
- Länge der Welle
- Winkelstellung und Länge des Vierkants

Sind die Teile nicht aufeinander abgestimmt, leidet die Funktion von Schaltung und Umwerfer; Knackgeräusche machen jeden Tritt zum Ärgernis und im schlimmsten Fall können Kurbeln oder Innenlager gänzlich versagen. Ermitteln Sie deshalb die relevanten Maße vor dem Kauf und beachten Sie die Angaben der Hersteller. Teile eines Herstellers, möglichst aus einer Gruppe, sind in ihren Abmessungen angepasst. Wenn Sie jedoch Teile verschiedener Hersteller mischen wollen, ist eine Probe der Passung zwischen Kurbel und Lager vor dem Kauf und der Montage unerlässlich. Beachten Sie deshalb auch unbedingt die Hinweise in den Bedienungsanleitungen der Hersteller – möglicherweise riskieren Sie beim Teile-Mix den Verlust von Gewährleistung und Garantie!

Neben der Passung der Kurbelaufnahme ist auch die Länge der Tretlagerachse wichtig. Sie bestimmt über die Stellung der Kettenblätter zum Rahmen und damit über den Weg der Kette zum Ritzelpaket. Die Kettenblätter müssen so stehen, dass der Spalt zwischen großem und kleinem Blatt in der Verlängerung auf die Mitte des hinteren Ritzelpakets trifft, beim Neunfach-Kranz demnach genau aufs fünfte Ritzel. Bei Dreifach-Kettenblättern zeigt das mittlere Blatt auf die Zahnkranzmitte. Dies garantiert den besten Kompromiss, um viele Gänge schalten zu können, ohne dass die Kette irgendwo streift.

Wenn möglichst viele Gänge auf einem Blatt gefahren werden sollen, kann man die Kettenlinie innerhalb enger Grenzen verschieben. Nach innen begrenzt die Kettenstrebe die Lage der Blätter. Ein bis zwei Millimeter Abstand zum Hinterbau müssen auf jeden Fall eingeplant werden, sonst schleift das Kettenblatt an der Strebe, wenn sich der Hinterbau im Wiegetritt verformt. Je näher die Kurbel zur Rahmenmitte steht, desto mehr Gänge können mit dem großen Blatt sauber bedient werden. Wer alle Gänge mit dem kleinen Blatt bedienen möchte, muss eine längere Achse einbauen, dadurch wandert die Kurbel weiter nach außen. Diese Variante schränkt allerdings die Funktion des großen Blattes ein – die Kette läuft dann nur noch auf den drei oder vier äußeren Ritzeln sauber ab.

Die Montage des Innenlagers erfordert eine präzise Vorbereitung des Rahmens. Nicht alle Hersteller geben sich die er-

Innenlager – Zahlen & Daten

Bezeichnung	BSC (BSA, englisch)	italienisch
Gewinde	1.370" x 24 TPI	36 mm x 24 TPI
Gehäusebreite	68 mm (73 mm bei MTB)	70 mm
Besonderheiten	Bei BSC hat die rechte Schale ein Linksgewinde!	

forderliche Mühe mit dem Tretlagergehäuse. Schräge Gewinde oder nicht plane Gehäuseseiten verschränken oder verklemmen die Lager, was deren Leben drastisch verkürzt. Unsauber geschnittene Gewinde erschweren die Montage, verhindern den festen Sitz des Lagers und vereiteln möglichweise den Ausbau.

Reichlich Fett ist ebenfalls wichtig auf dem Weg zum problemfreien Tretlager. Wenn Rahmen und Lagerschalen aus Aluminium bestehen, kann der Mangel an hochwertigem Fett das weiche Material zerstören: Beim Einschrauben wird die Oberfläche aufgeraut, dann zersetzen mitgerissene Metallpartikel das Gewinde immer schneller, bis die Schale regelrecht verschweißt ist und festsitzt. Besteht ein Teil aus Stahl, das andere aus Alu, führt Fettmangel zur so genannten Kontaktkorrosion. Der unedlere Partner, in diesem Fall Aluminium, oxydiert, das Bauteil „dehnt" sich aus und sitzt dadurch nach längerer Nutzung fest.

Strittig unter Fachleuten ist, ob auch der Achsvierkant gefettet werden soll, bevor man die Kurbel aufschiebt. Shimano und Campagnolo geben für die Tretlager mit Vierkantprofilen (die aktuellen Gruppen Dura-Ace, Ultegra und 105 haben Vielzahnprofile, die auf jeden Fall gefettet werden können) Anzugsdrehmomente für trockene Kurbeln an. Ihr Argument gegen Fett: Es reduziere die Selbsthemmung und erschwere eine feste Verbindung von Kurbel und Achse. Außerdem vermindert Fett die Reibung, deshalb könne die Kurbel zu weit auf den Vierkant rutschen und platzen. Ohne Fett wächst aber auf jeden Fall das Risiko der Korrosion, was im schlechtesten Fall die Demontage der Kurbel vereiteln kann. Kompromiss: korrosionshemmendes Öl für den Vierkant, das die Reibung nicht so stark herabsetzt. In der TOUR-Werkstatt werden Achsvierkante stets geschmiert, mit sehr guten Erfahrungen. Gelöst hat sich noch keine Kurbel. Beachtet werden muss, dass das notwendige Anzugsmoment der Kurbelschrauben bei gefettetem Achsvierkant niedriger ist als bei trockener Montage. Orientieren Sie sich in diesem Fall am niedrigeren der vom Hersteller angegebenen Werte.

Welches Blatt für welche Kurbel?

Die Hersteller geben als Maß für die Größe der verwendbaren Kettenblätter den so genannten Lochkreisdurchmesser an. Einfacher zu messen ist aber der Lochabstand, aus dem sich folgende Lochkreisdurchmesser errechnen lassen:

Lochabstand	**84,7**	**79,4**	**76,5**	**64,7**	**55,3**	**43,5**	**34,1**
Lochkreisdurchmesser	**144**	**135**	**130**	**110**	**94**	**74**	**58**

Die Flächen an den Achsvierkanten sind bei verschiedenen Herstellern unterschiedlich schräg: Bei Shimano, Stronglight, Tune, Storck und anderen folgen sie dem JIS (Japanese Industry Standard), bei Campagnolo der ISO-Norm. Bei Keilwellen-Profilen gibt es ebenfalls zwei Maße: die Shimano-Norm und die Norm ISIS bei Race Face, Truvative und anderen. Hinweis: Das Pedalgewinde in der linken Kurbel ist in aller Regel ein Linksgewinde.

INNENLAGER UND KURBEL

1 Reinigen Sie das Gehäuse vorsichtig mit Pressluft, oder wischen Sie es mit einem Lappen gründlich sauber. Achten Sie darauf, dass keine Metallspäne und Farbreste im Gewinde bleiben, denn sonst kann es zu Schwierigkeiten bei der Lagermontage kommen. Fetten Sie die Gewinde der Lagerschale und des Gehäuses, sowie dessen Stirnseite. Fetten Sie auch die Innenseite der Schale, dies vermeidet später im Betrieb Knackgeräusche, die zusammen mit der Lagerpatrone entstehen können.

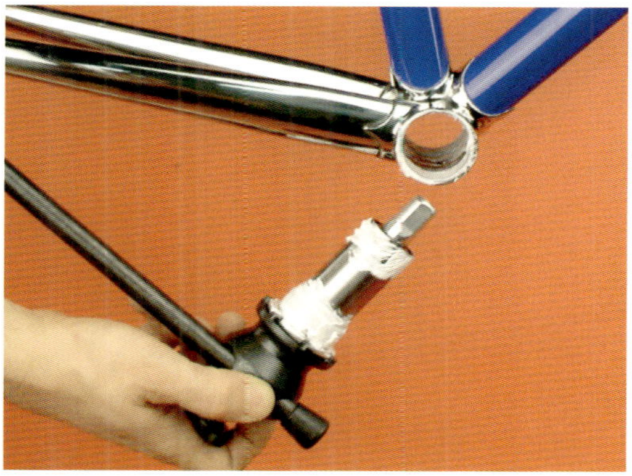

2 Kompaktlager: Zum Einschrauben des Lagers ist ein spezielles Werkzeug, wie im Bild zu sehen, empfehlenswert. Setzen Sie die rechte Lagerschale jedoch zunächst von Hand an und achten Sie genau darauf, dass die Lagerschale beim Eindrehen nicht verkantet. Tipp: Drehen Sie die Lagerschale behutsam gegen die Schraubrichtung – so spüren Sie, wann der Gewindegang „einrastet". Drehen Sie die Schale zwei bis drei Umdrehungen hinein, bevor Sie das Werkzeug benutzen.

3 Setzen Sie die gegenüberliegende gefettete Schale in das ebenfalls geschmierte Gewinde an, und drehen Sie es von Hand einige Umdrehungen an.

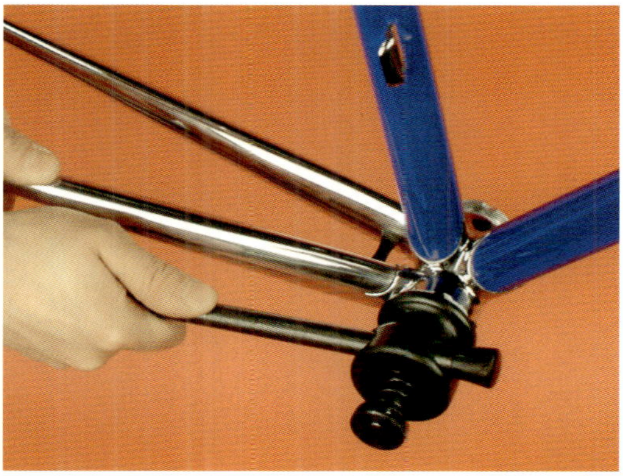

4 Stecken Sie das Werkzeug in das Profil der rechten Lagerschale und sichern Sie es nach Möglichkeit mit einer Kurbelschraube und einer Unterlagschraube gegen Abrutschen. Wenn Sie mit dem Festdrehen der Schale fortschreiten, müssen Sie die Sicherungsschraube ebenfalls nachdrehen.

INNENLAGER UND KURBEL

5 Ziehen Sie die Lagerschalen sehr stark an. In der Regel werden seitens der Hersteller sehr hohe Anzugsmomente vorgeschrieben, diese liegen deutlich höher als bei den restlichen Verschraubungen am Fahrrad. Ziehen Sie die zweite Seite fest. Unumgänglich ist die Sicherung des Werkzeugs bei der Demontage der Lagerschalen. Die benötigten Lösekräfte liegen noch deutlich höher als bei der Befestigung, die Gefahr, dass das Werkzeug abgleitet und das Profil beschädigt wird, steigt. Hat sich die Schale gelöst, muss die Kurbelschraube ebenfalls etwas gelöst werden.

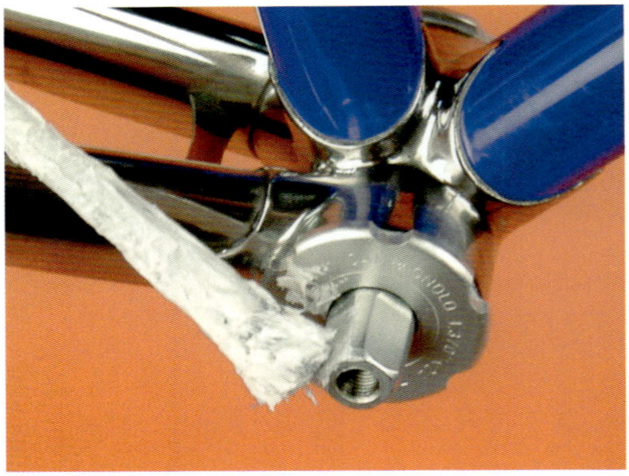

6 Fetten Sie die Achsvierkante des Innenlagers. Diverse Hersteller empfehlen die fettfreie Montage. Nach unseren Erfahrungen hat das Fetten keinen Einfluss auf die Sicherheit der Verschraubung, vermeidet aber Korrosion und erleichtert damit die spätere Demontage.

7 Fetten Sie vor auch die Aufnahme des Achsvierkantes in beiden Kurbeln.

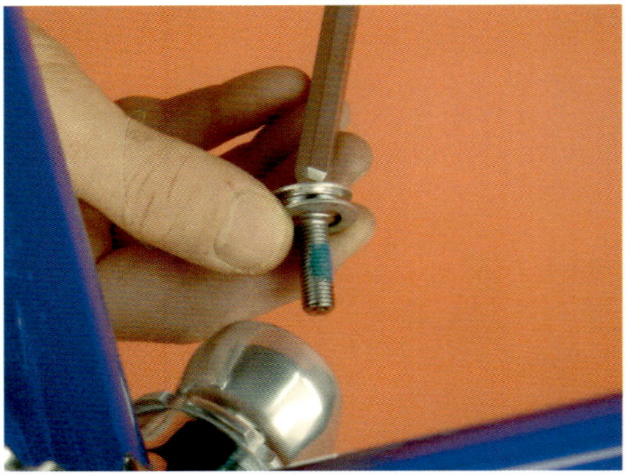

8 Setzen Sie die Kurbelschrauben ein. Die Schrauben verfügen oft über Sicherungskleber, erkennbar an der Farbe. Da auch die Kurbelschrauben in „korrosiver Umgebung" liegen, empfehlen wir dennoch, sie zu fetten. Die Sicherheit der Verschraubung lässt sich mit der Einhaltung des entsprechenden Anzugsmoments und regelmäßiger Kontrolle sinnvoller herstellen.

9 Ziehen Sie die Kurbelschrauben mittels Drehmomentschlüssel an und beachten Sie die vom Hersteller angegebenen Drehmomente. Wichtig dabei: Bei gefettetem Vierkant wählen Sie das Drehmoment an der Untergrenze der Herstellerangabe.

10 Sonderfall Dura-Ace-Lager mit Vielzahnprofil: Fetten Sie die Gewinde im Gehäuse und die Lagerschalen. Stecken Sie die rechte Schale mitsamt der Welle und der Kunststoffhülse in den Rahmen und drehen Sie die Schale von Hand einige Umdrehungen hinein.

11 Um Carbonrahmen nicht zu beschädigen, wird die Schale von Hand eingedreht, bis deren Bund fast am Rahmen anliegt. Verwenden Sie ansonsten dazu das Werkzeug.

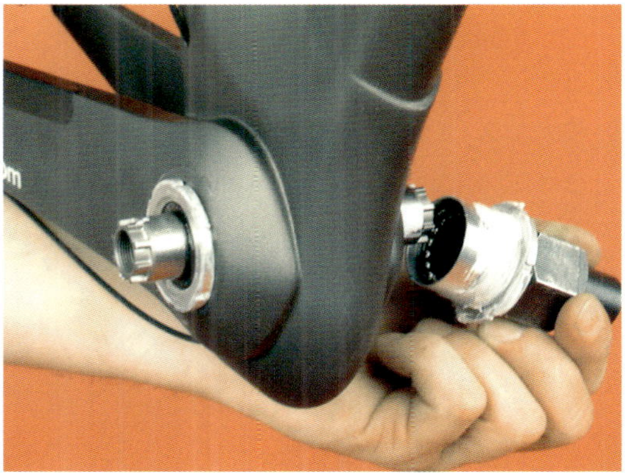

12 Setzen Sie die gegenüberliegende Seite an und drehen Sie die Schale drei bis vier Umdrehungen hinein. Prüfen Sie, ob sich die Welle noch hin- und herschieben lässt, bevor Sie die rechte Schale festziehen. Am besten eignet sich hierzu ein Schlüssel, bei dem ein Blech verhindert, dass der Schlüssel nach innen abrutscht.

SONDERFALL PROFILE & SHIMANO

1 Nicht alle Kurbelsätze kommen komplett montiert aus dem Karton. Dies bietet die Chance, mit ausreichend Montagefett von vorneherein die Gefahr von Knackgeräuschen zu unterbinden.

2 Richten Sie den Kurbelstern passend zum Keilwellenprofil aus. Die Beschriftung bzw. eine Markierung zeigt dann zu Ihnen. Ist es ein Pfeil, muss dieser in Richtung des Kurbelarmes weisen. Schieben Sie den Stern auf das gefettete Keilwellenprofil.

3

Setzen Sie die Mutter auf das gefettete Gewinde und drehen Sie diese einige Umdrehungen von Hand an.

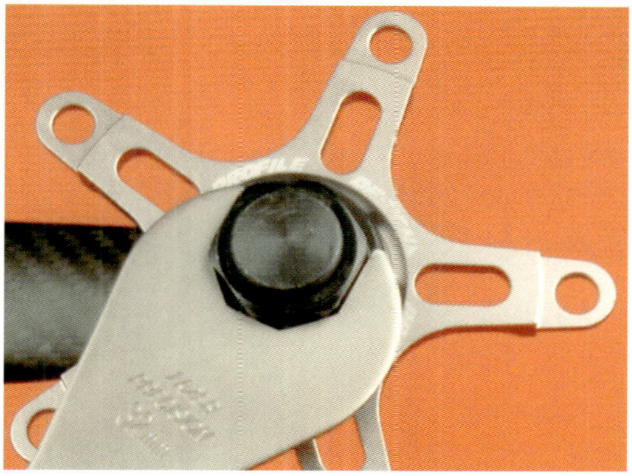

4

Mit dem Spezialwerkzeug von Shimano lässt sich die Mutter ausreichend festziehen – ohne die Gefahr, dass weniger geeignetes Werkzeug wie beispielsweise ein Hakenschlüssel abrutscht.
Setzen Sie das profilierte Werkzeug auf die Mutter, so dass es in deren Nuten eingreift. Schieben Sie das Befestigungsteil in das Werkzeug und sichern Sie es von der Außenseite der Kurbel her mit der Kurbelschraube.

5

Ist das Werkzeug soweit fixiert, setzen Sie den Maulschlüssel, besser jedoch einen Drehmomentschlüssel mit Sechskantnuss an und ziehen die Nutenmutter mit dem empfohlenen Drehmoment fest.

6

Wischen Sie überschüssiges Fett ab, damit es später nicht unnötig Schmutz anzieht. Setzen Sie den Sicherungsring an, spreizen und schieben Sie ihn gleichzeitig in die Nut, bis er einrastet. Kontrollieren Sie abschließend, ob der Ring vollständig in der Nut liegt.

SONDERFALL PROFILE & SHIMANO

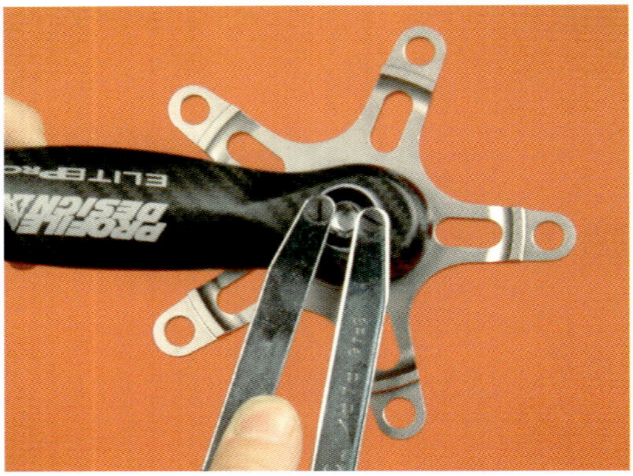

7 Einige Kurbeln haben integrierte Abzieher. Die Kurbelschraube wird bei diesen von einem Deckel festgehalten. Fetten Sie die Kurbelschraube am Gewinde und unten und oben am Kopf. Fett auf der Oberseite ist wichtig, wenn die Kurbel später demontiert wird, denn dann drückt und reibt der Schraubenkopf mit der Außenseite gegen den Deckel. Drehen Sie erst dann den Deckel in das Kurbelauge und ziehen Sie ihn mit einem Stiftschlüssel fest.

8 Fetten Sie die Kontaktbereiche von Kurbelstern und Kettenblättern, die Gewinde der Kurbelschrauben und die Hülsenmuttern außen, das senkt das Geräuschrisiko. Setzen Sie die Schrauben von Hand an und drehen Sie diese zwei Umdrehungen ein. Fixieren Sie die Hülsenmutter mit dem Hakenschlüssel, wenn diese sich mitdrehen.

9 Drehen Sie die Kurbelschrauben über Kreuz mit einem 5 mm-Innensechskant an. Da es in der Regel fünf Schrauben sind, bedeutet dies, dass Sie immer eine auslassen. Ziehen Sie die Schrauben nicht allzu fest, denn die häufig verwendeten Alu-Schrauben sind schnell abgedreht. Kontrollieren Sie deren Sitz öfter.

INNENLAGER UND KURBEL

1 Stecken Sie die rechte Kurbel auf die Welle, schmieren Sie die Schraube und ziehen Sie diese mit dem Drehmomentschlüssel unter Beachtung des vorgeschriebenen Anzugsmomentes an.

2 Drehen Sie die linke Schale mit dem beiliegenden Schlüssel vorsichtig an, bis sich das Lager etwas schwerer drehen lässt. Schrauben Sie den gefetteten Konterring von Hand auf die Schale, bis er am Gehäuse anliegt.

3 Halten Sie den Konterring fest, und lösen Sie die Lagerschale wieder, bis sich das Lager leicht und spielfrei dreht. Ziehen Sie dann den Kontering fest, während Sie die Lagerschale festhalten.

4 Fetten Sie die beiden Dichtringe und legen Sie diese zur Abdichtung der Schalen auf die Welle. Überprüfen Sie jetzt noch einmal den Lauf des Lagers und dessen Spielfreiheit, indem Sie das Kurbelende gegenüber der Hinterbaustrebe zu bewegen versuchen und die Kurbel auspendeln lassen.

SHIMANO HOLLOWTECH

Gehäusefläche

1 Bei Innenlagern mit außen liegenden Lagereinheiten müssen beide Gehäuseflächen am Rahmen absolut plan und parallel zueinander sein. Entfernen Sie Farbreste an den Flächen und/oder im Gewinde. Eventuell müssen Sie den Rahmen fräsen und das Gewinde nachschneiden lassen.

2 Wischen Sie das Gewinde im Gehäuse mit einem Lappen sauber, oder blasen Sie es mit Pressluft aus. Fetten Sie den gesamten Bereich der Gewinde und der Kontaktflächen von Gehäuse und Lager mit hochwertigem Montagefett gegen Korrosion. Lagerfett ist nicht geeignet. Fetten Sie auch die andere Seite der Hülse, die in die linke Lagerschale greift.

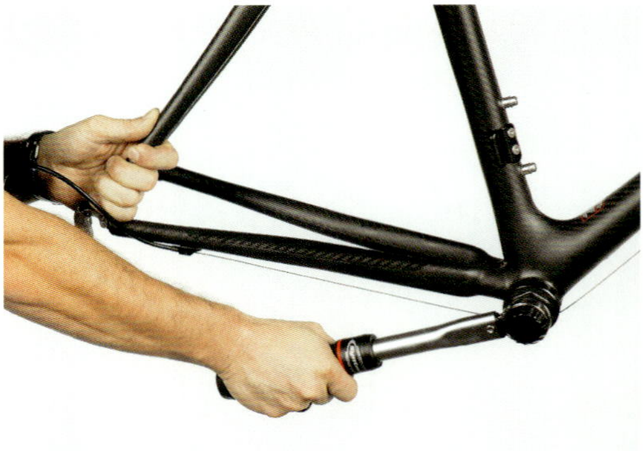

3 Setzen Sie das Lager zuerst auf der rechten Seite vorsichtig an, bis das Gewinde eingreift. Gelingt dies nicht gleich, drehen Sie die Schale mit leichtem Druck geringfügig gegen die Einschraubrichtung. Wenn die Gewinde korrekt zueinander stehen, spüren Sie ein leichtes Einrasten. Drehen Sie die Lagereinheit von Hand einige Umdrehungen ein. Das sollte ohne Kraft gelingen.

4 Schrauben Sie die Gegenseite auf die gleiche Art ein. Setzen Sie das Innenlager-Werkzeug ein, und drehen Sie zuerst die rechte und dann die linke Lagerschale mit einem Drehmoment von 30 bis 50 Newtonmetern (Nm) fest. Shimano liefert serienmäßig ein Werkzeug mit, das einem Maulschlüssel ähnelt. Leider lässt sich damit die notwendige hohe Schraubkraft nur ungefähr dosieren.

5 Streichen Sie dünn Lagerfett auf die Welle und schieben Sie diese von der rechten Seite her ein. Die Welle muss leicht „saugend“ hineingleiten, sollte sich allerdings nicht verhaken. Wenn es nicht geht, wenden Sie keine Gewalt an. Lassen Sie eventuell unpräzise Gewinde vom Händler prüfen/nacharbeiten.

6 Kontrollieren Sie den Sitz des Dichtrings auf der Kurbel in seiner Führung. Geben Sie Montagefett auf die Innenseite der linken Kurbel sowie einen dünnen Film auf den Dichtring. Die Verzahnung der Welle muss beim Aufschieben der Kurbel in das Gegenstück passen – sie lässt nur eine korrekte Position zu.

7 Fetten Sie Einstellschraube und Welle am Gewinde und im Bereich der Kopfauflage. Legen Sie die Schraube in das von Shimano mitgelieferte Einstellwerkzeug und drehen Sie diese ein. Wenn die Schraube Kontakt bekommt, ist es eigentlich fertig, festes Anziehen ist nicht notwendig. Das empfohlene Drehmoment liegt bei 0,4 bis 0,7 Nm.

8 Drehen Sie beide Innensechskant-Schrauben an der Kurbel abwechselnd bis zum Widerstand ein. Dann mit einem Drehmomentschlüssel mit 10 bis 15 Nm festziehen. Fett abwischen. Kontrollieren Sie nach 200 bis 400 Kilometern beide Schrauben.

KEILWELLENPROFIL

1 Fast alle Kurbeln mit Keilwellenbefestigung besitzen im Kurbelarm einen integrierten Abzieher. Fetten Sie deshalb nicht nur das Gewinde der Kurbelschraube gleichmäßig mit Montagefett, sondern auch das Wellenprofil und, wenn möglich, die Kopfauflage auf der Außenseite.

2 Stecken Sie die Kurbel um 180 Grad versetzt zur anderen auf die gefettete Welle, drehen Sie die Kurbelschraube mit dem Innensechskant gefühlvoll an. Kontrollieren Sie während des Einschraubens, ob das Profil der Kurbel passgenau in die Welle greift; die Kurbeln dürfen sich nicht gegeneinander verdrehen lassen.

3 Passt alles zusammen, stellen Sie den niedrigen Wert der Drehmomentvorgabe ein (Shimano „Octalink" 35 – 50 Nm, Truvativ „Gigapipe" 41 – 47 Nm) und ziehen Sie die Schraube fest. Um das Drehmoment möglichst genau zu treffen, muss der Schlüssel aus der gleichmäßigen Bewegung heraus auslösen. Vermeiden Sie deshalb ruckartiges, kurzes Anziehen.

TIPPS & TRICKS

- *Damit die Teile auch nach Jahren demontierbar bleiben, sollten Sie beim Befestigen spezielles Montagefett bzw. Montagepaste verwenden. Lagerfett hat für solche Verbindungen nicht die richtigen Eigenschaften und sollte nur zum Schmieren von Lagern und deren Dichtungen verwendet werden.*

- *Prüfen Sie etwa 200 bis 400 Kilometer nach der ersten Montage und danach alle 2000 Kilometer die Schraubverbindungen mit dem Drehmomentschlüssel. Kontrollieren Sie den spielfreien Lauf der Lager.*

SO VIEL KRAFT MUSS SEIN

Für die Betriebssicherheit Ihres Rades ist es wichtig, Verschraubungen sorgfältig anzuziehen und regelmäßig zu kontrollieren. Ideal hierzu ist ein Drehmomentschlüssel, der abschaltet oder knackt, wenn das gewünschte Anzugsmoment erreicht ist.

Gehen Sie schrittweise vor und tasten Sie sich stets von unten, also beginnend bei etwa der Hälfte des angegebenen Drehmoments, an die maximalen Herstellerangaben heran, und kontrollieren Sie den sicheren Sitz der Bauteile, wie dies in den entsprechenden Kapiteln beschrieben wird.

Bei Teilen, für die keine Angaben des Herstellers vorliegen, ziehen Sie die Schrauben schrittweise an und kontrollieren dazwischen immer wieder den festen Sitz des Bauteils, wie es in den jeweiligen Kapiteln beschrieben ist.

Manche Hersteller verzeichnen die Drehmoment-Angabe direkt auf dem jeweiligen Bauteil. Halten Sie sich an die Werte auf Klebern oder Aufdrucken.

Kontrollieren Sie alle Verschraubungen 200 bis 400 Kilometer nach der Erstmontage und danach alle 2000 bis 3000 Kilometer mit dem Drehmomentschlüssel.

Bauteil	**Verschraubung**	**Campagnolo Nm****	**Shimano Nm***
Bremse	Befestigungsschraube	10	8 – 10
	Zug-Klemmschraube	5	6 – 8
	Befestigungsschraube Bremsschuh	8	5 – 7
	Fixierungsschraube des Belages im Cartridge-Bremsschuh	–	1 – 2
Brems-/Schalthebel	Bolzen der Befestigungsschelle (Innensechskant)	8	6 – 8
	Schraube der Anschlagsockel am Rahmen (Schraubendreher)	–	1,5 – 2
Freilaufnabe	Zahnkranzpaket-Sicherungsring	50	29 – 49
Innenlager	Gehäuse	70	49 – 69
	Gehäuse (Hollowtech II)		35 – 50
	Kontermutter der Lagereinstellung bei Schnellspann-Naben	–	10 – 25
Kurbelsatz	Kurbelschraube (fettfreier Vierkant)	32 – 38	34 – 44
	Kurbelschraube (Octalink)	–	35 – 50
	Kettenblattschraube	–	8 – 11
	Kurbelschrauben (Hollowtech II)	–	12 – 15
Nabe	Bedienhebel des Schnellspanners	–	9 – 12
Pedal	Pedalachse	40	34
Schaltwerk	Befestigungsbolzen	15	8 – 10
	Zugklemmschraube	6	4 – 6
	Leitrollenbolzen	–	3 – 4
Schuh	Schrauben der Schuhplatte	–	5 – 8
Umwerfer	Befestigungsschraube	3,5	5 – 7
	Zugklemmschraube	5	5 – 7

** Aus: Shimano, Product Information and Tech Tips ** Aus: Campagnolo, Technische Spezifikationen*

KING
HSC
LOOK
Carbon

DIE TREIBENDE KRAFT

Zahnkranz und Kette sind beim Rad dafür verantwortlich, dass die Beinkraft geschmeidig und verlustfrei ans Hinterrad gelangt. Hier gibt's die Montage-Tricks und ein paar Hintergrund-Informationen.

Der Zahnkranz, das Paket der gezahnten Scheiben auf der Hinterradnabe, ist das Kernstück jedes Fahrradgetriebes. Die Größe der Ritzel und ihre Abstufung zueinander entscheidet darüber, ob der Radler im Revier seiner Wahl angepasste Gänge zur Verfügung hat. Wer in den Bergen zu Hause ist, braucht ein Paket für die gesamte Bandbreite zwischen steilem Anstieg und rasanter Abfahrt, während der Sportler aus dem Flachland für den Kampf gegen den Wind ein möglichst eng gestuftes Getriebe benötigt.

Die beiden großen Hersteller Shimano und Campagnolo unterscheiden sich in Details – aber die sind wesentlich. Shimanos Ritzel passen nicht auf den Campa-Kranzkörper und umgekehrt. Mit viel Feintuning lassen sich allerdings die jeweiligen Zahnkränze mit der „gegnerischen" Schaltung bedienen – aber das ist eine anspruchsvolle Bastelarbeit für Tuning-Freaks und soll nicht Gegenstand unseres Radaufbaus sein.

Shimano setzt bei den beiden teuren Gruppen Dura-Ace und Ultegra so genannte „Spiderarm"-Zahnkränze ein. Sie sparen Gewicht, weil die fünf großen Ritzel von Scheiben auf dünne Ritzelringe reduziert und, einmal zu zweit und einmal zu dritt, auf einem Aluminiumträger vernietet werden. Weil die Auflagefläche des Spiderarms auf dem Kassettenkörper größer ist als bei einzelnen Ritzeln, können die Kränze auch auf Freiläufe aus Aluminium montiert werden, wie sie Tuning-Firmen anbieten. In der Top-Qualität bestehen die großen Ritzelringe aus veredeltem und deshalb verhältnismäßig verschleißfestem Titan, was das Gewicht noch einmal senkt. Shimano bietet mehrere Zahnkranz-Abstufungen an: Als kleinstes Ritzel ist eines mit 11 Zähnen möglich (ergänzt bis 21), als größtes eines mit 27 Zähnen (diese Kassette beginnt mit 12 Zähnen).

Auch Campagnolo macht in Titan: Bei der Top-Gruppe Record besteht das Ritzelpaket komplett aus dem Edelmetall. Die Titan-Ritzel verschleißen allerdings schneller als solche aus Stahl, weshalb sie für die tägliche Trainingsfahrt eigentlich zu schade sind. Auch der Gewichtsvorteil ist eher gering, verglichen mit dem „MK2"-Zahnkranz, den Campa als Antwort auf Shimanos Spiderarm-Technik entwickelt hat. Ein Kompromiss aus Gewichtsersparnis und Haltbarkeit kann hier wie bei Shimano darin bestehen, die anteilig weniger genutzten großen Ritzel aus Titan, den Rest aus Stahl zu wählen. Die Italiener bieten vier Qualitäten an, die zu allen Campa-Freilaufkörpern passen. Bei den Kränzen der preisgünstigen Gruppen (Mirage, Veloce und Centaur (vormals Daytona)) werden beim größten Ritzel bis zu 28 Zähne geboten, die Neunfach-Kränze der Top-Gruppen Chorus und Record hören bei 26 Zähnen auf. Bei der neuen Zehnfach-Gruppe ist ein Paket mit 13 bis 29 Zähnen vorgesehen.

Mavics Ritzel weisen das von Shimano eingeführte Verzahnungsprofil mit dem Freilauf auf. Gegenüber den Originalen aus Japan schalten die französischen Ritzel etwas schlechter. Sie bieten sich vor allem dann an, wenn ein Mavic-Laufrad zusammen mit Campagnolo-Komponenten gefahren werden soll. Bei älteren Mavic-Laufrädern funktioniert dies, wenn der speziell für Campa-Schaltwerke etwas verbreiterte Freilaufkörper an der Nabe montiert wird. Ab dem Baujahr 2000 sind Mavic-Laufräder quasi universell verwendbar: mit Shimano-Ritzeln oder Mavic-Ritzeln für Shimano-Schaltungen, mit Shimano-Ritzeln und speziellen Distanzringen für Campa-Schaltungen oder mit Mavic-Ritzeln und Distanzringen für Campa-Schaltungen.

WIE MAN SICH KETTET...

Die Entwicklung zum Zehnfach-Ritzelpaket zwingt die Hersteller, immer schmalere Ketten zu bauen, damit sie auf das Getriebe passen. Damit wächst die Gefahr, dass sich die Kette beim Schalten unter Last in ihre Bestandteile auflöst. Doch auch die schmalen Ketten sind stabiler als man befürchten könnte – Risse sind bei Ketten sehr selten. Eine Schwachstelle gibt es allerdings: Dort, wo die Enden der Kette geschlossen werden. Aus diesem Grund haben die Hersteller unterschiedliche Verschlussmodelle entwickelt.

Shimano führte zuerst spezielle Niete ein, mit denen Ketten verschlossen werden. Andere Hersteller wie KMC, Point, Sachs und Wippermann zogen mit Kettenschlössern nach, mit deren Hilfe man die Kette ohne Spezial-Werkzeug verschließen und öffnen kann. Das hat unter anderem den Vorteil, dass man eine zu lange Kette während der Montage problemlos kürzen oder sie für Arbeiten am Umwerfer oder Schaltwerk und zur Reinigung öffnen kann.

Als Nachzügler brachte Campagnolo mit den Zehnfach-Komponenten ein „Permalink" genanntes Schloss, das vernietet wird, dann allerdings nicht mehr zu öffnen ist. Dieses Permalink hat Campa vor einiger Zeit in der laufenden Serie durch das aktuell „HD-Link" genannte Schloss ersetzt. Die Systeme unterscheiden sich alle in der Handhabung – wie, wird im Folgenden erklärt.

ZAHNKRANZ-MONTAGE

1 Wachsen Sie den Zahnkranzkörper zum Schutz vor Korrosion ein. Stecken Sie die Ritzel auf und beachten Sie dabei die Ausrichtung. Nicht alle Naben sind so beschaffen, dass der Zahnkranz nur in einer Stellung montiert werden kann. Am inneren Rand der Ritzel und am Profil des Freilaufkörpers gibt es jeweils eine anders geformte Aussparung, beziehungsweise einen Vorsprung. Diese Bereiche müssen bei allen Ritzeln hintereinander gesteckt werden, dann stimmt die Position der Schaltweichen. Die Beschriftung der Ritzel zeigt dabei von der Speichenseite weg.

2 Die Ritzelpakete der Shimano-Gruppen Ultegra und Dura-Ace haben zur Speichenseite hin Doppel- bzw. Dreifach-Ritzel, die komplett aufgesteckt werden. Die größere Auflagefläche schont insbesondere das verhältnismäßig weiche Aluminium mancher Tuningnaben.

3 Achten Sie daruf, die Zwischenringe in der richtigen Reihenfolge aufzustecken.

4 Fetten Sie nach dem Aufstecken des abschließenden Ritzels das Gewinde des Verschlussringes.

5 Stecken Sie den Verschlussring auf den Abzieher. Setzen Sie den Ring an und drehen Sie ihn von Hand einige Umdrehungen, bevor Sie ihn mit dem vorgeschriebenen Drehmoment (steht auf dem Verschlussring) festziehen. Steht kein Drehmomentschlüssel zur Verfügung, ziehen Sie den Ring mit einem normalen Gabelschlüssel gut fest, ohne Ihre gesamte Kraft einzusetzen. Kontrollieren Sie im Zweifelsfall den Sitz des Ringes nach zweihundert Kilometern Fahrt nochmals.

6 Campagnolos MK2-Ritzelpakete verfügen ebenfalls über Segmente von zwei und drei Ritzeln auf einem Träger. Die Ritzel der preiswerteren Campa-Gruppen werden dagegen alle einzeln gesteckt.

7 Auch der Nabenkörper in Campa-Norm weist Aussparungen und Nasen auf, die das Aufstecken der Ritzelpakete nur in einer definierten Stellung erlauben.

ZAHNKRANZ-MONTAGE

8 Achten Sie auch hier auf die richtige Reihenfolge der Ritzel und Zwischenringe.

9 Fetten Sie das Gewinde des Abschussrings, und drehen Sie den Ring einige Umdrehungen von Hand ein.

10 Stecken Sie das Abzieh-Werkzeug in die Aufnahme, und schrauben Sie den Zahnkranz fest.

11 Verweden Sie zum Festziehen des Zahnkranzes am besten einen Ringschlüssel. Die Verschraubung dient im Wesentlichen der Fixierung des Ritzelpaketes. Normale Handkraft genügt dafür und erleichtert das spätere Öffnen, um den Zahnkranz zu tauschen oder zu ersetzen.

KETTENMONTAGE

DIE RICHTIGE LÄNGE

Ketten mit Verschlussgliedern (Campa, KMC, Point, Sram, Wippermann), kürzen Sie am Ende mit den Außenlaschen, und zwar um ein halbes Glied mehr als nötig, damit ein Paar Innenlaschen übrigbleibt. Die Lücke zur optimalen Länge wird vom Kettenschloss überbrückt.

Wird die Kette mit einem Niet vernietet (Rohloff), kürzen Sie die Kette an dem Ende mit den Innenlaschen, so dass wieder Innenlaschen das Ende bilden. Der vom Hersteller teilweise eingepresste Niet am anderen Ende eignet sich gut als Verschlussniet. Vernieten Sie die Kette mit einem separaten Niet (Shimano), kürzen Sie die Kette ebenfalls am Ende mit den Innenlaschen, so bleiben die Außenlaschen unversehrt.

1 Bestimmen Sie die Kettenlänge, indem Sie den vorderen Umwerfer zum großen Kettenblatt und das hintere Schaltwerk zum kleinsten Zahnkranz ganz nach außen schalten. Eine neue Kette ohne Verschlussglied, z. B. von Rohloff, drehen Sie so, dass der zur Hälfte eingepresste Bolzen zu Ihnen zeigt. Genauso sollten bei Point-Ketten die Zapfen des Verschlussgliedes nach außen weisen, bei den anderen Kettenherstellern spielt dies keine Rolle.

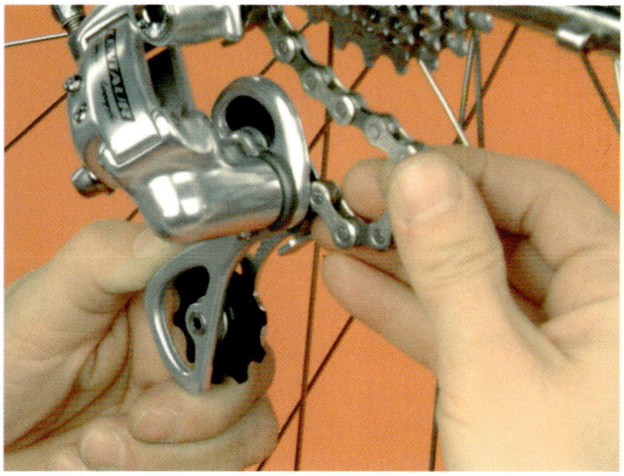

2 Legen Sie das verschlusslose Ende der Kette auf das große Blatt und führen Sie es durch den Umwerfer zum kleinsten Ritzel. Fädeln Sie die Kette über Führungs- und Spannrolle.

3 Achten Sie insbesondere darauf, die Kette auf der richtigen Seite der Nasen der Kettenführung vorbei einzufädeln.

KETTENMONTAGE

4

Stellen Sie sicher, dass das Rad waagerecht steht oder hängt, bevor Sie die Kettenenden so weit zusammenziehen, bis die Rollen des Schaltwerks senkrecht übereinander stehen. In der Regel sind Ketten zu lang, sodass man sie um die Überlappungslänge kürzen muss. Legen Sie die Kettenenden so übereinander, dass sie nach dem Trennen wieder zusammenpassen, das heißt, ein Paar Außenlaschen muss über einem Paar Innenlaschen liegen. Zählen Sie die Anzahl der Kettenglieder – dabei handelt es sich immer um eine Außenlasche und eine Innenlasche –, um die Sie die Kette kürzen müssen.

5

Nehmen Sie die Kette vom Kettenblatt herunter und legen Sie sie vorsichtig auf dem Tretlagergehäuse ab. So ist sie nicht mehr gespannt, was die nachfolgenden Arbeiten erleichtert. Die Ketten der verschiedenen Hersteller werden jeweils speziell gekürzt. Gemeinsam ist allen, dass der Niet an der Stelle, wo Sie kürzen, ganz herausgedrückt werden kann.

6

Spreizen Sie die Außenlaschen leicht auf und schieben Sie die Laschen übereinander, bis der Niet leicht einrastet. Kontrollieren Sie die richtige Länge der Kette, bevor Sie sie in den Rohloff-Revolver einlegen. Wählen Sie am Werkzeug den richtigen Bolzenüberstand für acht- oder neunfach und drehen Sie die Klemmung der Stellvorrichtung zu, damit die Kette festgehalten wird.

Zahnkranz & Kette

ROHLOFF

7 Drehen Sie den Kettenbolzen mit der Spindel in die Kette, bis der Niet an den Anschlag gelangt und sich der Widerstand erhöht. Drehen Sie in dieser Stellung mit Kraft eine halbe Umdrehung weiter, damit der Bolzen aufgeweitet und vernietet wird. An dieser Stelle sollte die Kette nicht noch einmal vernietet werden.

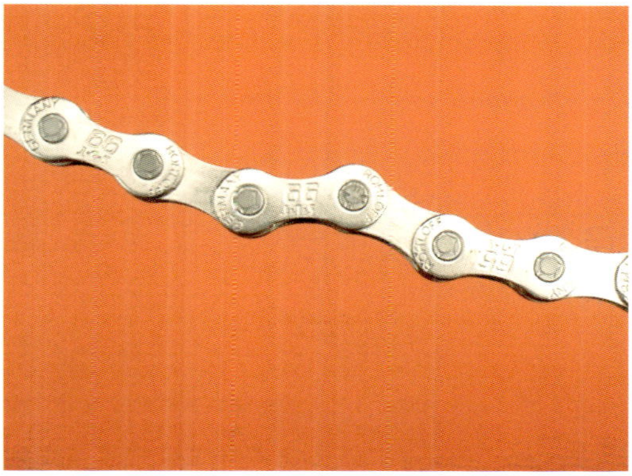

8 Drehen Sie die Spindel zurück und öffnen Sie die Klemmvorrichtung. Erkennbar ist die Vernietung am Kreuz, das der Revolver in den Bolzen drückt. Kontrollieren Sie, ob das Kettenglied frei beweglich ist.

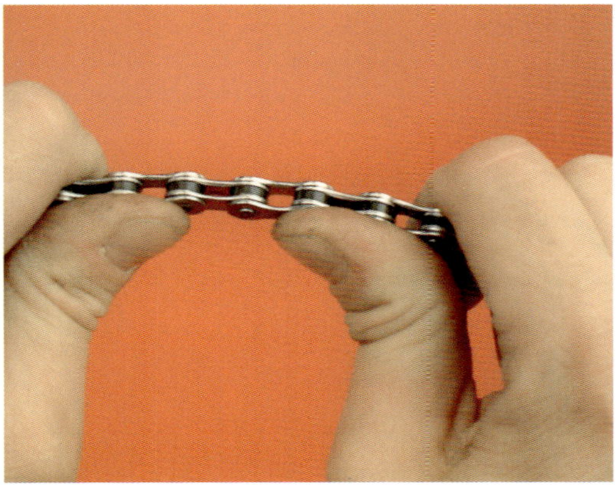

9

Sollte dies nicht der Fall sein, nehmen Sie die Kette in beide Hände und legen Sie die Daumen links und rechts neben die Nietstelle. Biegen Sie die Kette gefühlvoll hin und her, bis das Glied nicht mehr klemmt. Das erkennen Sie daran, dass die Spannung des Schaltwerks die Kette vollständig auseinanderzieht, nachdem die Glieder von Hand zusammengeschoben wurden.

SHIMANO

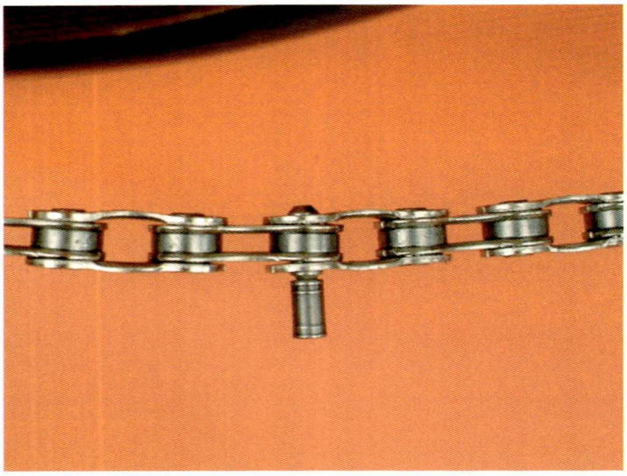

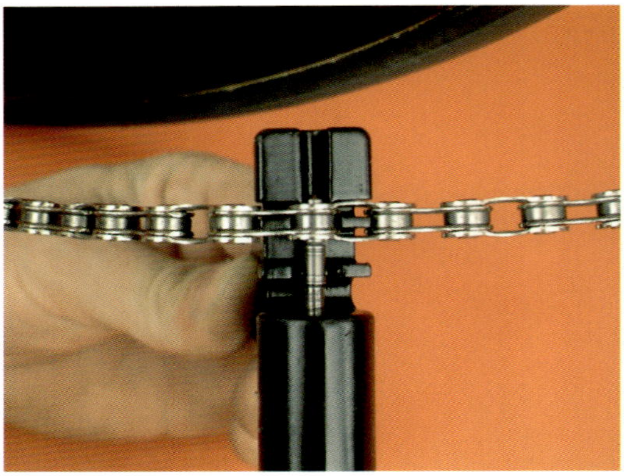

10 Schieben Sie den gefetteten Verbindungsstift von außen durch die zusammengeschobene Kette. Werfen Sie nochmal einen Blick auf die richtige Kettenlänge, bevor Sie den Stift mit einem Kettennieter in die Kette drücken.

11 Drehen Sie die Spindel des Werkzeugs gleichmäßig, bis der Niet fühl- und hörbar einrastet. Die Kraft, mit der die Spindel gedreht werden muss, lässt dann sofort nach.

12 Setzen Sie den Nietendrücker ab und kontrollieren Sie, ob sich das vernietete Kettenglied frei bewegen lässt und ob der Niet auf beiden Seiten gleich weit übersteht. Prüfen Sie die Leichtgängigkeit der Nietstelle wie bei der Rohloff-Kette. Brechen Sie abschließend den Führungsstift am Niet ab. An der Stelle des Verbindungsstiftes darf die Kette nicht wieder geöffnet werden.

SHIMANOS KETTEN-NIETSTIFTE

Zehnfach superschmal (CN-7801/6600/5600): silbern, 5,6 mm lang, drei Kerben am Führungsstift
Zehnfach superschmal (CN-7800): silbern, 5,6 mm lang, eine Kerbe am Führungsstift
Neunfach superschmal: silbern, 6,5 mm lang, keine Kerbe am Führungsstift
Achtfach: schwarz, 7,1 mm lang, keine Kerbe am Führungsstift

TIPPS & TRICKS

■ *Ketten anderer Hersteller können mit Shimano-Antrieben nur verwendet werden, wenn sie schmaler als 6 mm sind!*

SRAM

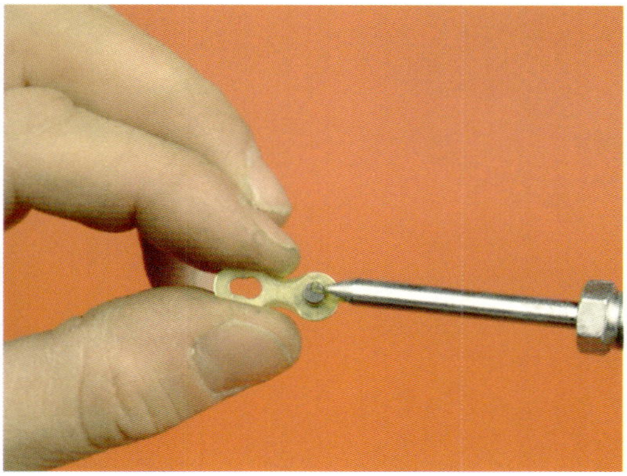

13 Hängen Sie die beiden identischen Verschlussteile spiegelverkehrt mit den geschmierten Bolzen an den Enden der Kette ein.

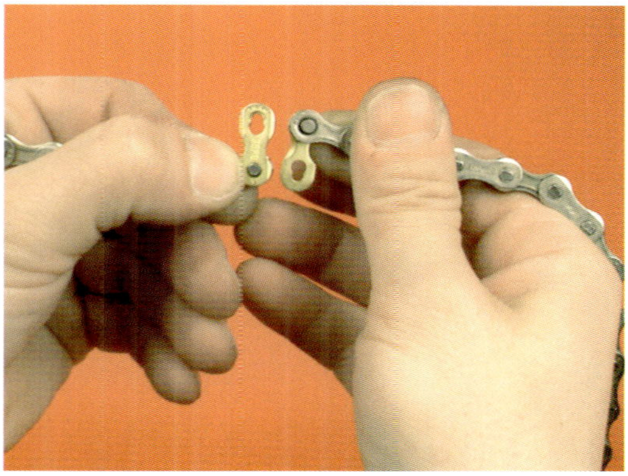

14 Ziehen Sie die Kette zusammen und schieben Sie die Bolzen gleichzeitig in die gegenüber liegenden Laschenbohrungen ein. Ziehen Sie die Glieder in Laufrichtung der Kette auseinander, und drücken Sie das Glied gleichzeitig leicht zusammen. Die Bolzen gleiten in den Führungen der Außenlaschen in die vertiefte Endposition und rasten ein.

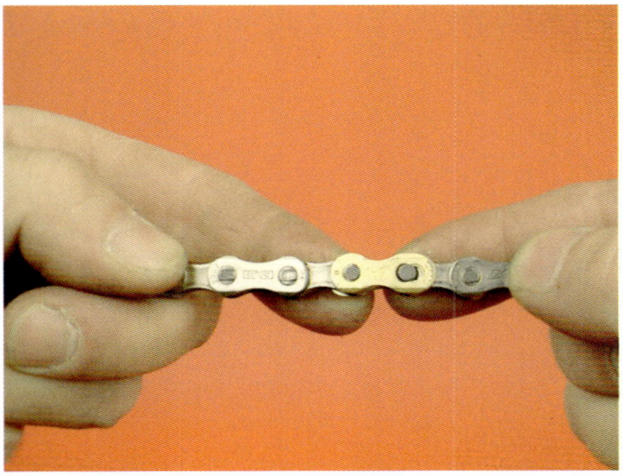

15

Das geschlossene Verschlussglied wird durch die Innenlaschen nach außen hin etwas unter Spannung gesetzt, damit die Kette beim Fahren nicht aufgeht. Zur Demontage müssen Sie das Verschlussglied gleichzeitig quer zur Kette zusammendrücken und in Richtung der Ketten zusammenschieben, dann lassen sich die Hälften wieder trennen.

WIPPERMANN

16 Hängen Sie eine der beiden baugleichen (und gefetteten) Verschlussgliedhälften von innen in das hintere Kettenstück und das andere von außen in das vordere. Diese Anordnung ist wichtig, da sonst bei kleinen Ritzeln die Kette springen kann. Halten Sie die Enden der Ketten senkrecht übereinander, sodass Sie sie senkrecht zum Verlauf der Kette einhängen können.

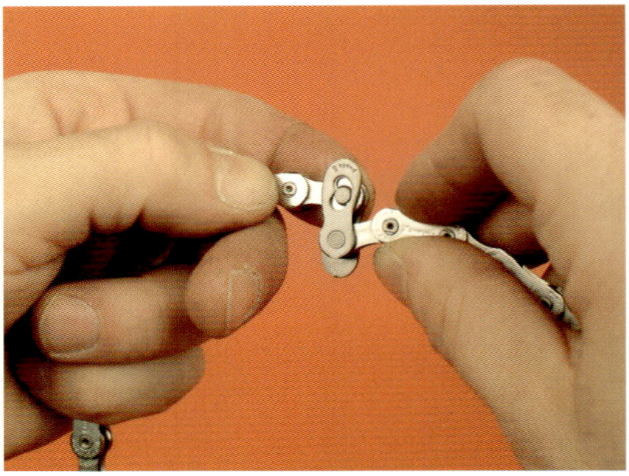

17 Führen Sie die Bolzen durch die Innenglieder und in die gegenüberliegenden Hälften, und ziehen Sie die Kette straff.

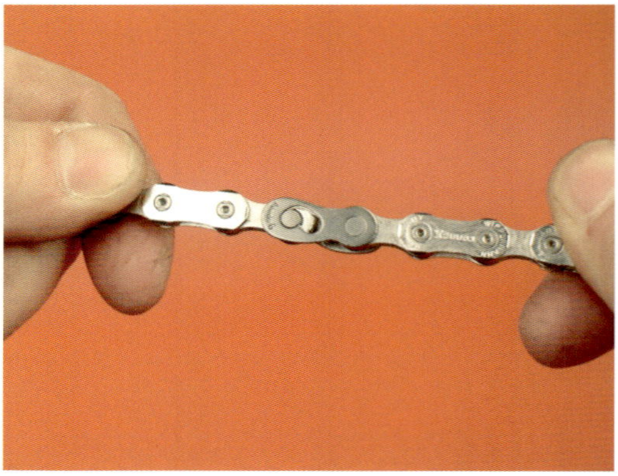

18 Die Bolzen gleiten durch Nuten geführt in den Kurvenbahnen der Laschen in die Endposition. Durch die deutlich längeren Außenlaschen des Verschlussgliedes kann man es in Kettenrichtung nicht zusammenschieben – das verhindert, dass sich das Glied beim Fahren öffnet. Zum Öffnen der Kette muss das Verschlussglied wieder senkrecht zu beiden Kettenenden stehen.

TIPPS & TRICKS

- *Die Lebensdauer von Ketten wächst mit regelmäßiger Pflege. Verwenden Sie keine speziellen Kettenreinigungsgeräte und fettlösende Reiniger. Entfernen Sie Sand und groben Schmutz mit klarem Wasser, reiben Sie die Kette ansonsten nur mit einem Lappen sauber. Zur Schmierung empfehlen wir biologisch abbaubare Öle oder Fette mittlerer Fließfähigkeit (keine Sprays).*

CAMPAGNOLO HD-LINK

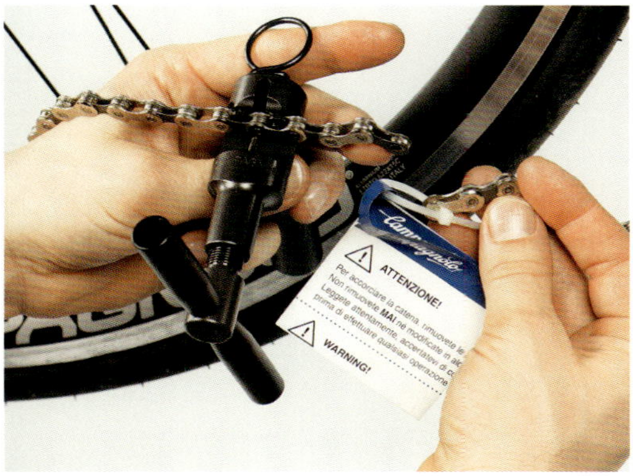

19 Um zu vermeiden, dass die Kette an dem Ende mit den Außenlaschen geöffnet wird, hat Campagnolo dort einen Warnhinweis angebracht. Kürzen Sie nur am anderen Ende mit dem Campagnolo-Werkzeug UT-CN 200.

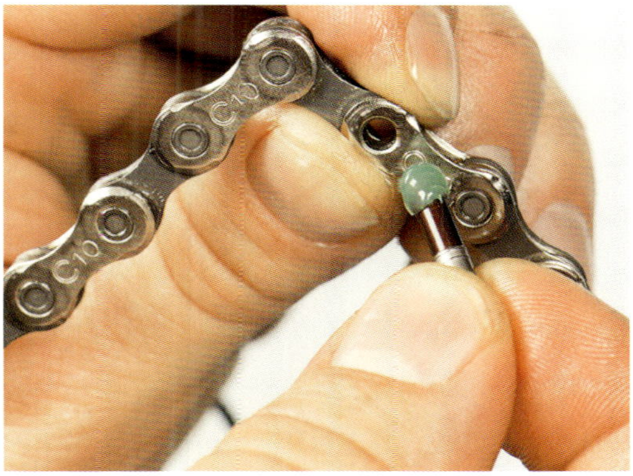

20 Schieben Sie den gefetteten Verbindungsniet mit Einführhilfe von innen durch die zusammengeführte Kette. Überprüfen Sie noch einmal die richtige Kettenlänge, bevor Sie den Campa-Kettennieter ansetzen.

21 Sichern Sie die Kette, indem Sie den Sicherungssplint von hinten in das Nietwerkzeug schieben. Drehen Sie die Spindel des Werkzeugs gleichmäßig, bis der Niet einrastet. In diesem Moment erhöht sich die Kraft, mit der gedreht werden muss. Sofort aufhören!

TIPPS & TRICKS

- *Campagnolos Zehnfach-Ketten C 10 HD-L sowie C 10 Ultra sind 6,1 mm breit und damit schmaler als Shimanos Neunfach-Ketten (6,6 mm), aber breiter als Shimanos Zehnfach-Ketten (5,85 mm).*
- *Die Verwendung von Shimano-Ketten mit Campa-Getrieben kann dazu führen, dass insbesondere der Umwerfer schlecht funktioniert und sich die Kette zwischen den beiden Kettenblättern verfängt. Alternativ zu Campas Original-Ketten eignen sich die X-10 von KMC (6,1 mm) und die Wippermann-Kette (6,2 mm).*

CAMPAGNOLO HD-LINK

22 Setzen Sie den Nietendrücker ab. Kontrollieren Sie, ob sich das vernietete Kettenglied frei bewegen lässt und ob der eigentliche Niet (Einführhilfe abziehen) hinten etwa 0,1 mm übersteht. Die Kette muss von der Spannung des Schaltwerks vollständig auseinandergezogen werden. Ist dies nicht der Fall, nehmen Sie die Kette in beide Hände und legen Sie die Daumen links und rechts neben die Nietstelle. Biegen Sie die Kette gefühlvoll quer zur Laufrichtung hin und her, bis das Glied nicht mehr klemmt.

23 Öffnet man die Kette wieder, darf dies keinesfalls an der Stelle mit dem Verschlussstift geschehen. Die Kette wäre nach dem erneuten Vernieten unsicher! Auch wenn die Kette an anderer Stelle getrennt wird, löst sich ein Span von der Außenlasche.

24

Statt dessen muss die Kette um die Länge des Ersatzteiles HD-Link mit den zwei Außenlaschen und zwei Verschlussstiften gekürzt werden. Anschließend wird dieses montiert. Die neuen Außenlaschen garantieren zusammen mit den Verschlussstiften, dass die Kette sicher hält.

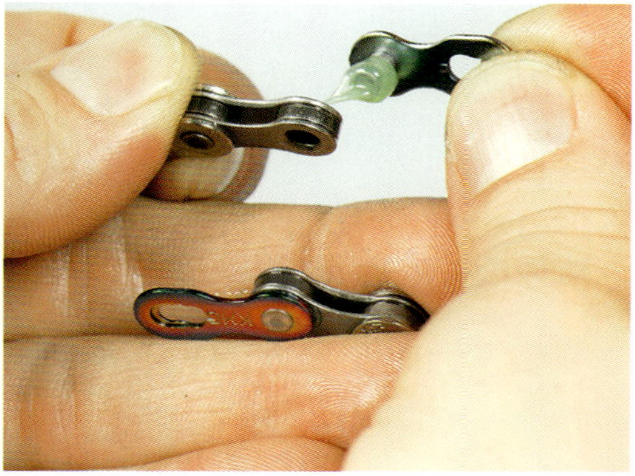

25 Zur Montage müssen an beiden Enden Innenlaschen vorhanden sein. Das heißt, die Kette wird um ein Außenlaschenpaar mehr gekürzt als nötig. Schieben Sie von beiden Seiten je einen Teil des Verbindungsgliedes „Missing Link" mit dem zuvor gefetteten Bolzen in die Kettenenden.

26 Unterstützen Sie beide Verschlussgliedteile mit den Fingern und führen Sie sie zusammen. Schieben Sie diese zusammen, bis beide Bolzen im gegenüber liegenden Langloch der Lasche eingehängt sind. Drehen Sie die Kurbel so weit, bis das Missing Link im oberen Kettentrum liegt.

27 Halten Sie das Hinterrad, und drehen Sie mit Kraft an der Kurbel. Hörbar klicken die Bolzen im Langloch der Außenlasche ein. Wichtig: Das Missing Link ist nicht mehr zu öffnen, die Kette muss an anderer Stelle aufgenietet und gegebenenfalls mit einem weiteren Verschlussglied wieder verschlossen werden.

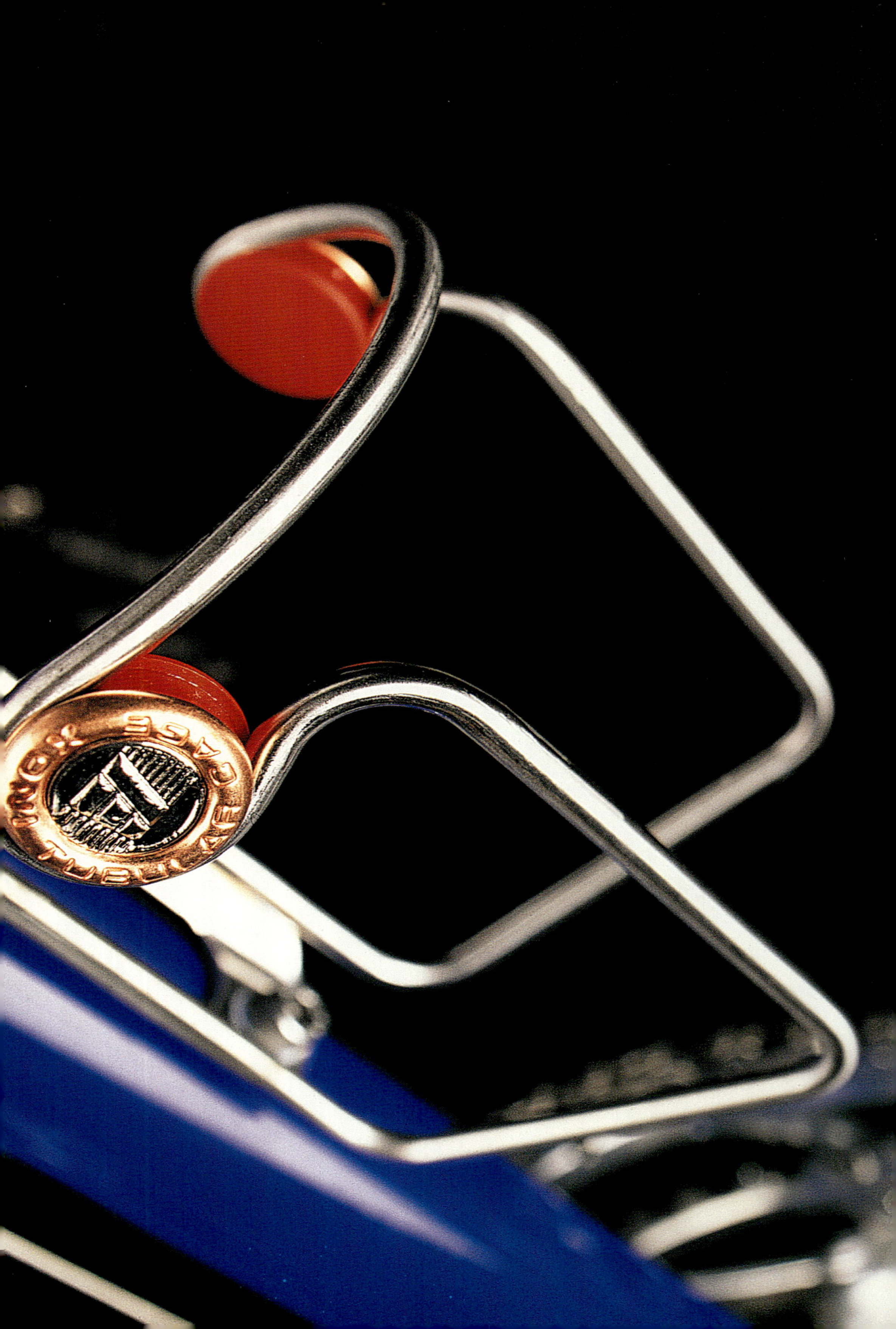

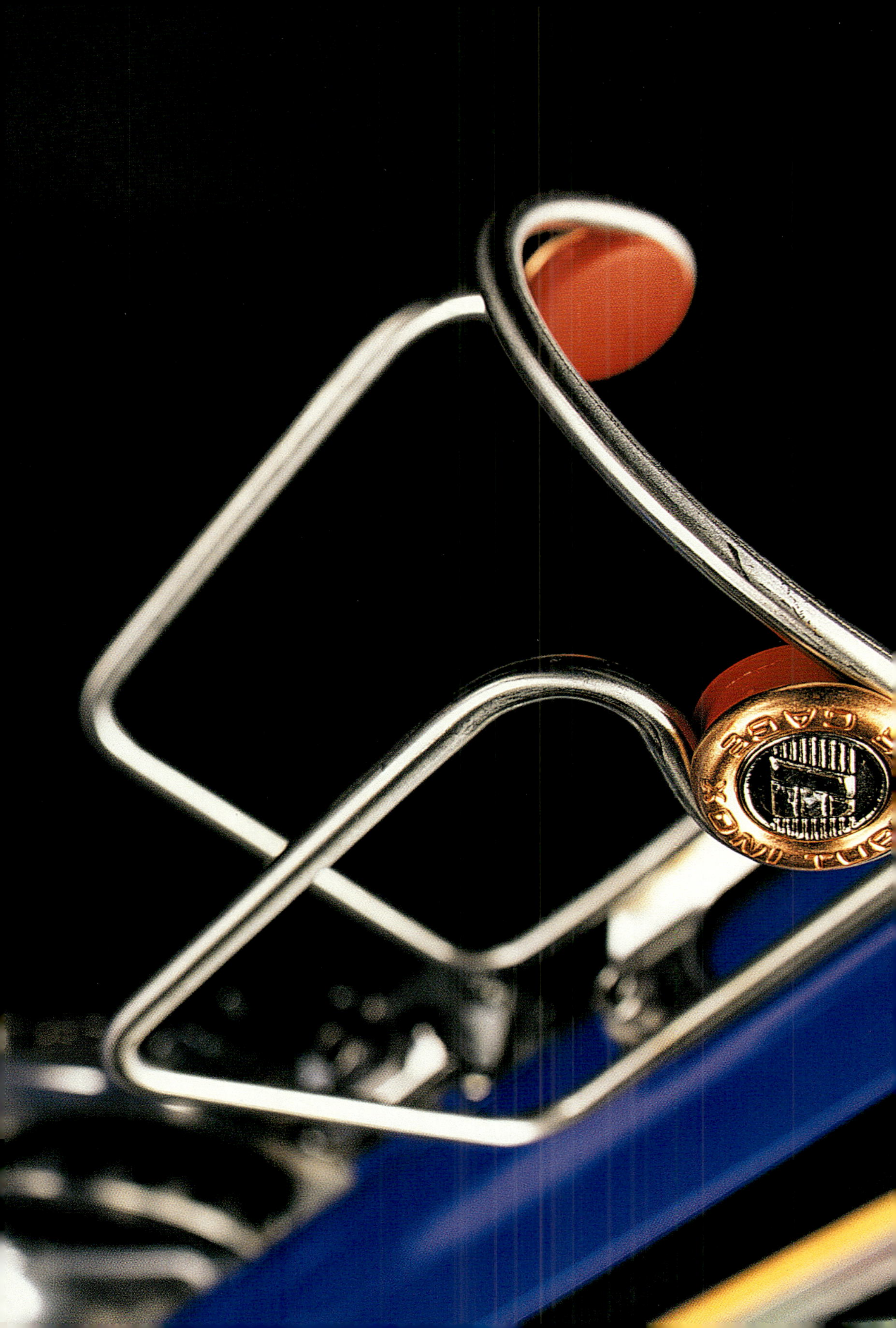
CAGE
INOX

SICHERHEITSDIENST

Auf dem Weg zum Komplettrad sind Umwerfer, Schaltung und Bremsen recht einfach montiert. Deshalb gibt's – in der Verschnaufpause – Hintergrundinfos rund um Bremsen und Beläge.

Was fürchten Rennradfahrer mehr als eine 18-prozentige Steigung? Die darauf folgende Abfahrt durch ungezählte Serpentinen – vor allem wenn's regnet! Das Anbremsen jeder Kurve wird zum Lotteriespiel: Reicht der Bremsweg aus, sind die Felgenflanken rechtzeitig trocken gebremst, setzt die Verzögerung kontrolliert ein? Meist helfen viel Erfahrung und entsprechende Vorsicht dabei, solche Situationen zu meistern – aber auch versierte Rennradfahrer kennen das Problem stark wechselnden Bremsverhaltens. Genau genommen ist dies eine Unart, die so bei keinem anderen Verkehrsmittel akzeptiert wird. Man stelle sich vor, bei Autos und Motorrädern würde sich im Regen der Bremsweg vervielfachen, weil das Bremssystem nur ungenügend auf die wechselnden Anforderungen von Witterung und Straßenzustand vorbereitet ist.

Dabei sind die Kriterien guter Fahrradbremsen klar:

- hohe Bremswirkung bei Trockenheit und Nässe
- geringe Bedienkräfte
- feinfühlige Dosierbarkeit
- gleichmäßige Verzögerung, kein Brems-Stottern
- kein Nachlassen der Bremswirkung bei starken und längeren Bremsungen (Fading)
- geringer Verschleiß
- konstante Bremsleistung über die gesamte Nutzungsdauer der Bremsbeläge und Felgen

Diese Anforderungen müssen die Konstrukteure in den Griff bekommen. Es genügt jedenfalls nicht, nur die Übersetzungsverhältnisse von Bremszangen und Hebeln zu optimieren.

Den Bremsenherstellern wird die Lösung dieser Aufgabe allerdings denkbar schwer gemacht. Sie können nämlich nicht alle Faktoren und Bestandteile des Systems kontrollieren. Gerade an der Stelle, an welcher der eigentliche Bremsvorgang durch Reibung stattfindet, sind die Bedingungen nicht konstant. Durch den Wechsel der Reibpartner – Beläge und Felgen – und äußere Einflüsse wie Wasser, Schmutz oder Öl können sich die Bedingungen in erheblichem Ausmaß ändern. Man kann also beim Aufbau eines Rades durch Zufall zwar alles richtig machen, aber ebenso gut kann die beste Bremse durch Kombination mit ungeeigneten Belägen weitgehend wirkungslos werden.

Wichtig für die Bremsleistung sind vor allem Felgenform und -oberfläche. Der Markt präsentiert sich hier aber ebenso vielfältig wie unübersichtlich – und jeder Hersteller geht bei der Eloxierung oder sonstigen Bearbeitung der Felgenflanken eigene Wege. In den vergangenen Jahren wurden geschliffene, überdrehte und beschichtete Bremsflanken eingeführt. Bei überdrehten Felgenflanken ist der Felgenstoß, der beim Zusammenfügen des Felgenringes entsteht, eingeebnet. Auch geschliffene und (keramik-)beschichtete Felgen sind am Felgenstoß geglättet, weisen aber eine definiert raue Oberfläche auf.

Jedes Behandlungsverfahren ändert die Reibeigenschaften der Bremsflanke. Außerdem ändern sich die Eigenschaften der Bremsflächen während des Gebrauchs. Erfahrungsgemäß bremsen sich fast alle Eloxalschichten ab. Bei bunt oder alufarben anodisierten Felgen geht das recht schnell, bei den grau bis graubraun harteloxierten Aluringen dauert es deutlich länger. Verschleißfördernd wirken sich vor allem Regenfahrten aus, wenn Wasser und Schmutz auf der Bremsfläche schmirgeln. Ist die Eloxalschicht erst einmal komplett entfernt, verhalten sich diese Felgen wie unbehandelte Alufelgen.

Bei geschliffenen und (keramik-)beschichteten Felgen ändern sich die Reibwerte bei längerem Gebrauch ebenfalls, die Griffigkeit lässt etwas nach.

Vergleicht man verschiedene Beläge, erkennt man auch hier unterschiedliche Charakteristiken insbesondere bei Bremsungen auf trockener und nasser Fahrbahn. Die Bremswirkung einzelner Beläge kann bei Nässe zwischen 25 und über 40 Prozent abfallen. Es kann sich also lohnen, verschiedene Bremsbeläge, auch von Zubehörherstellern, auszuprobieren, um die beste Paarung aus Belag und Felge für die eigenen Bedürfnisse zu finden.

Bei sehr weichen Alu-Felgen – einige Modelle mit Hochprofil sind davon betroffen, bei denen aus Gründen der leichteren Formbarkeit offenbar verhältnismäßig weiches Aluminium verwendet wird – besteht die Gefahr, dass der Belag Späne aus der Felge reißt und einlagert. Bremsbeläge sollten deshalb regelmäßig kontrolliert und gereinigt werden.

Eloxierte Oberflächen verändern die Bremseigenschaften gegenüber dem Natur-Aluminium in vielen Bereichen relativ stark. Die Trocken-Reibwerte liegen meist höher, die Nasswerte verschlechtern sich. In Extremfällen beträgt die Nassreibung weniger als zehn Prozent des Wertes im Trockenen. Da werden die Grenzen der Verkehrssicherheit überschritten. Zudem konfrontieren die eloxierten Felgen den Radfahrer mit unberechenbar wechselndem Verhalten. Dieser Effekt verschärft die Gefahr des Überbremsens gewaltig.

Das Bremsverhalten ist ein komplexer Vorgang. Die Bremsgummis, die Felgen, deren Verschleißzustand sowie die äußeren Bedingungen beeinflussen die Wirkung der Bremse massiv. Wer ausschließlich im Trockenen unterwegs ist, muss sich kaum Sorgen machen. Fast alle Beläge erzielen mit den gängigen Bremsen ausreichende Bremswerte.

UMWERFER

1 Fetten Sie den Anschlagsockel, die Beilagscheiben und die Befestigungsschraube, bevor Sie den Umwerfer anschrauben. Ziehen Sie die Schraube erst leicht an, damit der Werfer noch in der Höhe verschoben und in Längsrichtung verdreht werden kann.

2 Der optimale Abstand zwischen der unteren Kante des äußeren Werferblechs und den Zahnspitzen liegt bei einem bis drei Millimetern. Dieser Abstand sollte über den gesamten Bereich des Umwerfers konstant sein. Streift der Werfer am unteren Ende, oder steht das Ende weit ab, obwohl im oberen Bereich der Abstand optimal eingestellt wurde, stimmt die Stellung des Anlötsockels, oder bei Schellenbefestigung der Sitzrohrwinkel nicht mit dem Umwerfertyp überein.

UMWERFER

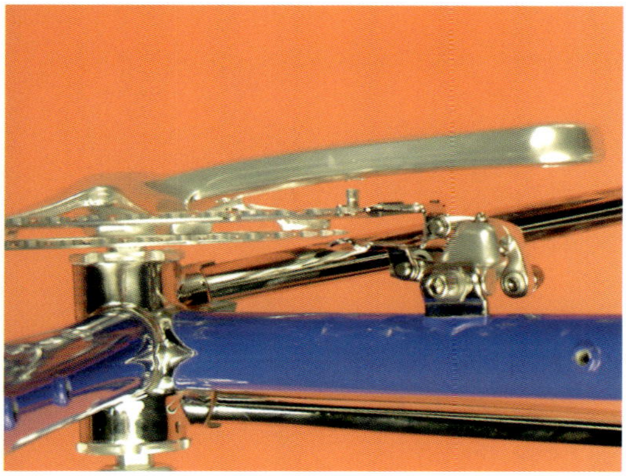

3

Das äußere Leitblech des Umwerfers muss parallel zu den Kettenblättern ausgerichtet werden. Schwenken Sie zur Ausrichtung den Umwerfer von Hand nach außen, damit er genau über dem großen Blatt steht. Peilen Sie von oben und von vorn über den Werfer. Stimmen Höhe und Ausrichtung, ziehen Sie die Befestigungsschraube an.

SCHALTUNG

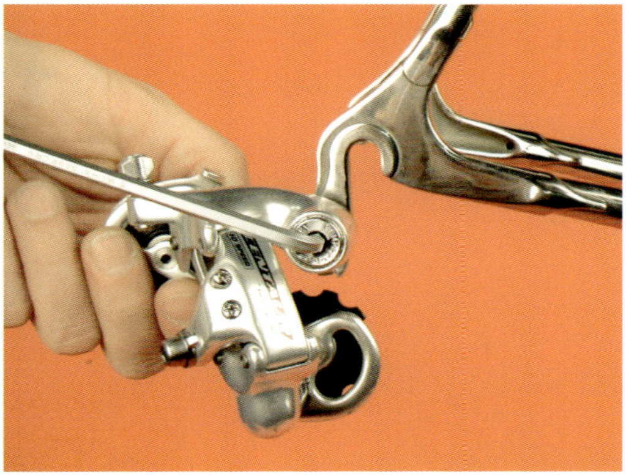

1

Bringen Sie etwas Fett auf die Befestigungsschraube und in das Gewinde des Schaltungsauges und setzen Sie das Schaltwerk mit dem eingesetzten Innensechskantschlüssel an.

2

Schwenken Sie das Schaltwerk dabei weit nach hinten hoch, damit die hintere Schraube, bzw. der Anschlag nicht verbogen wird. Diese Stellschraube stützt sich auf der Stirnseite des Ausfallendes an dem nach unten zeigenden Anschlag ab. Ziehen Sie die Schraube fest und kontrollieren Sie, ob sich das Schaltwerk leicht nach hinten und vorn schwenken lässt.

BREMSBELÄGE UND BREMSEN

1 Lösen und entfernen Sie bei Shimano-Belägen die Innensechskantschraube auf der Trägeraußenseite. Falls Sie einen bereits eingebauten Belag wechseln müssen, ziehen Sie ihn nun heraus und achten Sie dabei auf Kontur und Pfeilrichtung.

2 Wenn sich der Belag nicht leicht aus dem Bremsschuh entfernen lässt, setzen Sie den Belag wie im Bild an einer Tischkante oder einem Kantholz an, um den Belag abzustreifen.

3 Schieben Sie den neuen Belag in den Träger. Sichern Sie den Belag mit einer neuen, bereits mit Schraubensicherung versehenen Schraube. Sind den neuen Belägen keine Schrauben beigelegt, bringen Sie auf die bereits gebrauchte Schraube frische, flüssige Sicherungsmasse auf.

4 Beläge von Campa-Bremsen halten ohne Sicherungsschrauben in den Führungen. Spannen Sie beim Belagwechsel den Träger im Schraubstock ein und drücken Sie den Belag mit einer Schraubendreherklinge aus der Führung. Schmieren Sie die Gleitflächen zur Montage eines neuen Belags mit etwas Flüssigseife.

5 Legen Sie eine gezackte Beilagscheibe auf den Bolzen, bevor Sie den Bremskörper in die Aufnahme an Rahmen oder Gabel schieben. Diese Scheiben verhindern, dass sich der Bremskörper später selbsttätig verdreht und die Beläge nicht mehr mittig zur Felge stehen.
Der Bremsbolzen wird vom Hersteller meistens mit Schraubensicherungsmasse beschichtet. Fetten Sie deshalb nicht das Gewinde, sondern nur die Außenseite der Hülsenmutter.

6 Beachten Sie bei der Montage der Campa-Beläge die in der Verschraubung integrierte Winkelverstellmöglichkeit. Durch die kugelförmigen Flächen kann sich der Belag genau an die Form der Felge anpassen. Ziehen Sie den Bremshebel, so lange die Schrauben gelöst sind. Die Beläge passen sich an die Felge an, erst dann ziehen Sie die Schrauben fest.

7

Achten Sie bei der Montage der Belagträger an der Bremse auf deren Ausrichtung. Nach vorne müssen die Träger geschlossen sein, hinten sind sie dann offen. So wird der Belag beim Bremsen hineingedrückt und nicht herausgezogen! Und die Krümmung muss zum Verlauf der Felge passen.
Ziehen Sie bei der Montage der neuen Beläge die Schrauben nur leicht an und schieben Sie die Beläge in die richtige Höhe, sodass die Felgenflanke mit ganzer Fläche getroffen wird. Diese Einstellung ist aber zunächst vorläufig. Die präzise und endgültige Justierung der Bremsen wird im Kapitel Finish vorgenommen.

PERFEKTER RUNDLAUF

Trotz des Trends zum Systemlaufrad gibt es nach wie vor gute Gründe für das von Hand eingespeichte Laufrad: Langlebigkeit, günstiger Preis und gute Verfügbarkeit der Einzelteile.

Selbst gebaute Räder kann man perfekt auf Einsatzzweck und Fahrergewicht abstimmen. Leichte Fahrer können sich problemlos sehr leichte Felgen mit wenig Speichen zusammenstellen, spurtstarke Schwergewichte greifen zu soliden Felgen mit hohem Profil und verbinden diese mit 36 Speichen zur Nabe.

Bevor Sie die Speichen der richtigen Länge beschaffen können, müssen Felgenmarke und Typ sowie die verwendeten Naben beschlossene Sache sein. Oft weiß der Radhändler dann aus Erfahrung, wie lang die Speichen sein müssen. Ist dies nicht der Fall, müssen Sie Nabe und Felge vermessen und die Speichenlänge mittels einer Formel berechnen, die einige mathematische Kenntnisse erfordert.

Einfacher ist die Ermittlung der Speichenlänge mittels entsprechender Computer-Programme. Auf der Website des Speichenherstellers DT Swiss wird ein gutes Programm angeboten (www.dtswiss.com). Wer mit der Tabellen-Kalkulation Excel umgehen kann, findet auf der Website von T&S eine einfache Berechnungstabelle (www.tunds.com).

Tune, Sapim und FtF bieten zur Längenberechnung Programme auf CD-Rom an. Beim Tune-Programm „Radowahn" können die relevanten Werte in Fragefelder eingegeben werden, das Ergebnis wird automatisch berechnet (knapp 10 Euro, über www.tunecomp.com).

Die Sapim-CD „Pro Soft" bietet zusätzlich eine Datenbank, in der die Werte von Naben und Felgen zur späteren Weiterbearbeitung gespeichert werden können (www.sapim.be).

Die CD-Rom „Prowheel" der Firmen FtF und Ferrotec bietet „all inclusive": Für 25 Euro sind darauf neben dem Berechnungsprogramm die wichtigsten Naben, Felgen, Speichen, Schnellspanner, Reifen und Schläuche bereits archiviert. So können zu Hause in Ruhe verschiedene Kombinationen zusammengestellt und die Gewichte (Herstellerangaben) verschiedener Laufradsätze verglichen werden. Von der Website www.prowheel.de kann die Datenbank per Download regelmäßig aktualisiert werden.

Wenn's schließlich ans Zentrieren geht, ist es wichtig, die mechanischen Zusammenhänge zu kennen. Der größte Irrglaube besteht darin, dass die Speichen die Felge abstützen – was sie aber gar nicht können: Speichen lassen sich biegen und weichen seitlich aus, wenn man sie an den Enden packt und zusammendrückt. An einem frisch eingespeichten Laufrad, bei dem die Nippel nur leicht angedreht sind, lassen sich Bewegungen und Kraftverläufe leicht nachvollziehen, die beim Fahren auftreten, dann aber fast unsichtbar sind.

Die Nabe hängt im Ausgangszustand einigermaßen mittig in der Felge. Belastet man die Nabe nach unten, straffen sich die oberen Speichen, die unteren werden zuerst entlastet, dann gelöst und durchgebogen. Die unteren Speichen können fast nichts dazu beitragen, das Gewicht zu tragen, das auf der Nabe lastet. Beim gespannten Laufrad wird die Entlastung der unteren Speichen dann als Mehrlast unter den restlichen Speichen nahezu gleichmäßig verteilt. Wenn sich das Rad dreht, werden die Speichen der Reihe nach belastet und im unteren Bereich, dort wo die Felge auf der Fahrbahn etwas abgeflacht wird, entlastet.

Um die Nabe mittig zu halten, müssen alle Speichen gleichmäßig vorgespannt werden – jede Speiche zieht mit der gleichen Kraft nach außen. So ist ein ordentlich vorgespanntes Laufrad in der Lage, in radialer Richtung enorme Lasten zu ertragen. Schlechter sieht es mit der seitlichen Belastbarkeit aus. Auch hier dient das lose eingespeichte Laufrad wieder zur Anschauung. Wenn Sie die Nabe zur Seite schieben, sehen Sie, wie die Speichen der einen Seite gespannt werden. Jedoch ist der Weg verhältnismäßig lang, bis Spannung aufgebaut wird. Das liegt daran, dass die Speichen winklig zwischen Nabe und Felge verlaufen. Je spitzer der Winkel, umso geringer ist der Anteil der Kräfte, die die Speiche gegen quer einwirkende Belastungen aufbauen kann.

Am Hinterrad sind die Verhältnisse noch komplizierter als am Vorderrad: Zum einen stehen die Speichen auf der Zahnkranzseite deutlich steiler als die der Gegenseite. Ist die Speichenspannung auf beiden Seiten gleich hoch, läuft die Felge mittig zu den Nabenflanschen, aber nicht mittig zur ganzen Nabe – wegen der geringeren Seitenkräfte aufgrund des spitzen Winkels. Deshalb muss man die Zahnkranzseite deutlich mehr vorspannen.

Das zweite Phänomen sind die Antriebskräfte, welche die Speichen von der Nabe zur Felge übertragen müssen. Verdreht man die Nabe des Versuchslaufrades, wie es die Antriebskette tun würde, spannen sich die nahezu tangential nach hinten gerichteten „Zug"-Speichen, die restlichen Speichen werden entlastet. Antriebskräfte pulsieren in der Regel, sodass diese schwellende Belastung die Wechselbelastung durch das Abrollen überlagert.

Für ein langlebiges Laufrad ist die Speichenspannung mindestens ebenso wichtig wie die Qualität der Teile. Jede Speiche wird bei jeder Umdrehung be- und entlastet. Diese Lastwechsel erträgt eine Speiche nur dann lange Zeit, wenn die Grundspannung so hoch ist, dass die Speiche im ungünstigsten Belastungsfall noch immer unter Spannung steht. Zu lasche Spannung ist nachweislich der Speichenkiller Nummer eins.

Legen Sie die Speichen zur besseren Übersicht abgezählt bereit. Wichtig ist dies vor allem beim Hinterrad, da sich die Speichenlängen der Zahnkranzseite (rechts) und der Gegenseite (links) um wenige Millimeter unterscheiden.

PLANEN UND WÄHLEN

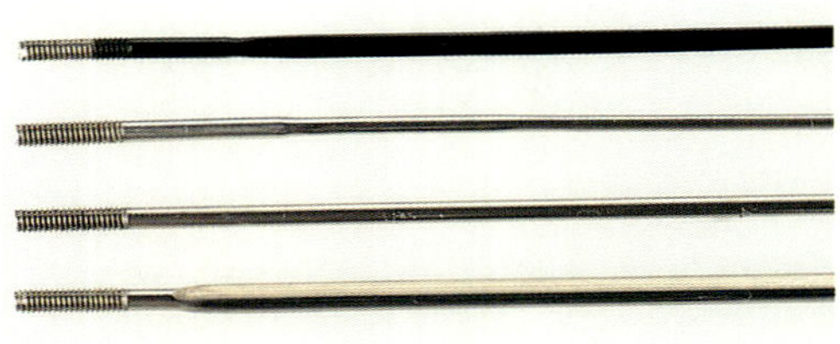

1

Glatte Speichen sind die schlechteste Wahl. Der Belastung besser gerecht werden solche Stahldrähte, bei denen der mittlere Bereich ausgedünnt ist. Dadurch werden die Speichen elastischer, die Bruchgefahr im Gewinde und im Bogen sinkt. Positiver Nebeneffekt: Die so genannten Doppel-Dickend-(DD-)Speichen sind auch leichter. Messerspeichen setzt man konsequenterweise nur zusammen mit steifen Hochprofilfelgen bei verminderter Speichenzahl ein.

2

Messingnippel sind Standard, denn sie bieten den besten Kompromiss aus Gewicht, Haltbarkeit und Festigkeit. Beachten Sie, dass Nippel für 1,8 mm-Speichen rein äußerlich denen für 2,0 mm-Speichen ähnlich sein können. Nippel aus Alu sind schön bunt und sparen ein paar Gramm Gewicht, aber sie haben auch gravierende Nachteile: Sie neigen eher zum Festfressen in der Bohrung der Felge und im Gewinde. Die Festigkeit ist geringer, weshalb der Vierkant beim Zentrieren schnell rundgedreht werden und das Gewinde leichter abreißen kann.

3

Ösen in den Bohrungen der Felge drücken ebenfalls mit ein paar Gramm Mehrgewicht auf die Waage, erleichtern aber das Einspeichen und Zentrieren. Vor allem wenn zu einem späteren Zeitpunkt nachzentriert werden muss, lernt man diesen Vorteil zu schätzen. Unter dem Aspekt der Alltagstauglichkeit sind Alu-Nippel in ungeösten Felgen die schlechteste Kombination.

4

Radial eingespeichte Vorderräder sehen anders aus und senken den Luftwiderstand. An Hinterrädern ist diese Einspeichart weniger geeignet, da die Antriebskräfte nicht dauerhaft übertragen werden können. Üblich ist die 3-fache Kreuzung, die den besten Kompromiss aus der Annäherung an die tangentiale Kraftübertragung und einem sinnvollen Flechtmuster darstellt. Die hohen Zugkräfte der radial von der Nabenmitte wegziehenden Speichen belasten die Flansche der Naben enorm, es kann zum Abriss von Teilen des Flansches kommen. Bevor radial eingespeicht wird, muss deshalb der Nabenhersteller nach der Eignung seiner Produkte befragt werden. Einige Hersteller haben spezielle Radial-Naben im Programm.

5

Speichen messen üblicherweise 2,0 mm im Durchmesser, es gibt aber auch solche mit 1,8 mm Durchmesser in der Biegung und am Gewinde. Der Gewichtseinsparung der 1,8 mm-Speichen steht die geringere Belastbarkeit und die schlechtere Position im Nabenflansch gegenüber. Im Bild ist dies an der Lücke in der Bohrung erkennbar. Speichen mit 2,34 mm im Bogen und am Gewinde füllen die üblichen Nabenbohrungen voll aus und sind für sehr hohe Belastungen eine gute Wahl.

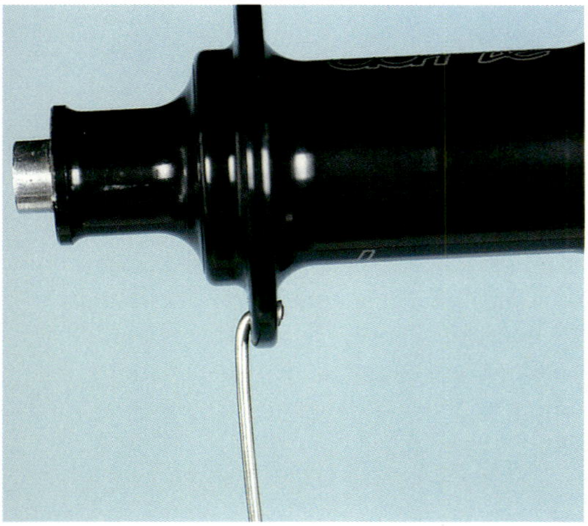

6

Nicht alle Speichen schmiegen sich gut an den Flansch der Nabe an – aber das ist die Voraussetzung für langes Überleben. Gründe für eine schlechte Passung sind zu lange Speichenbögen und/oder zu schmale Flansche an den Naben. Prüfen Sie deshalb verschiedene Speichen.

PLANEN UND WÄHLEN

7

Passen Speiche und Nabe nicht gut zusammen, können Unterlagscheiben die entscheidende Besserung bringen. Schädliche Bewegungen zwischen Speiche und Flansch werden dann unterbunden.

8

Kontrollieren Sie, ob die Bohrungen in der Felge entgratet sind. Oft sind dort auch noch Späne vorhanden. Entgraten Sie die Bohrungen von Hand mit einem Spiralbohrer oder einem speziellen Handsenker. Bei geösten Felgen muss lediglich die Ventilbohrung angesenkt werden, sodass an dieser Stelle später der Schlauch nicht aufgeschlitzt wird.

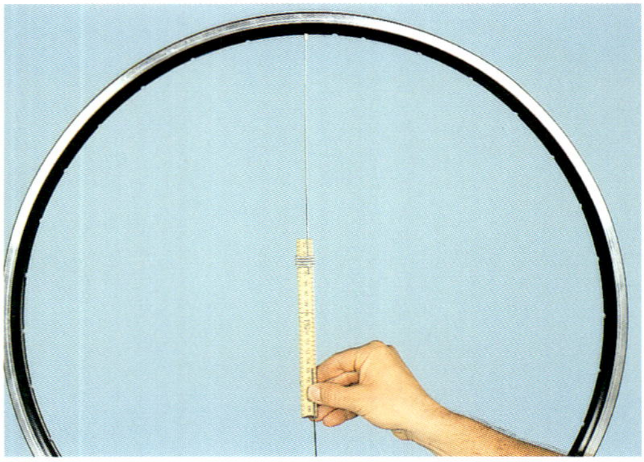

9

Um den Felgendurchmesser am Nippelsitz zu ermitteln, können Sie mit Hilfe eines alten Holz-Gliedermaßstabes und zweier Speichen ein geeignetes Gerät basteln. Kürzen Sie dazu die beiden Speichen an der Kopfseite auf genau 250 mm Länge. Schrauben Sie Nippel der Art, wie die später verwendeten, auf die Speichen, und zwar genau so weit, dass das Speichenende bündig mit dem Schlitz im Nippel endet. Stecken Sie dann die beiden Speichen in genau gegenüberliegende Löcher und lesen Sie die Distanz auf dem Gliedermaßstab ab. Die Addition dieses Wertes mit der Länge der Speichen (also plus 500 mm) ergibt den gesuchten Durchmesser.

MESSEN UND PRÜFEN

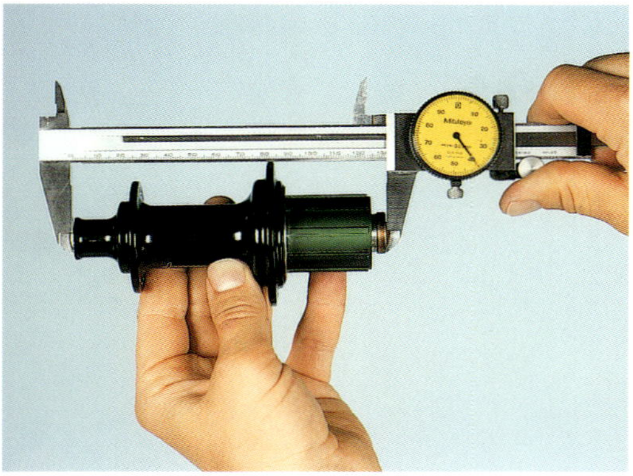

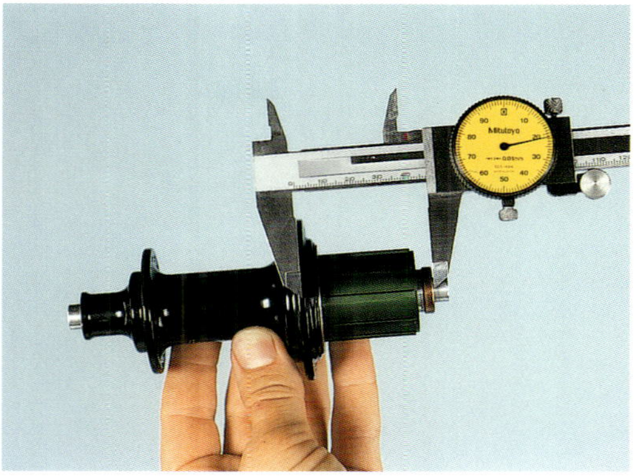

10 Messen Sie die Einbaubreite der Naben über alles, einschließlich der Kontermuttern bzw. Abschlusshülse. Bei Rennrädern liegt das Sollmaß der Hinterradnabe bei 130 mm, Naben für Mountainbikes sind 5 mm breiter. Die Hinterradnabe ist asymmetrisch aufgebaut, die Vorderradnabe symmetrisch. Der Abstand der Klemmflächen beträgt hier 100 mm.

11 Erfassen Sie auf beiden Seiten der Nabe den Abstand von der Mitte des Flansches zur Außenseite der Kontermutter auf der Achse. Direkt lässt sich dieser Wert aber nicht abmessen, weil die Messpunkte nicht in einer Ebene liegen. Für ein möglichst präzises Ergebnis legen Sie den Messschieber auf den Flansch parallel zur Achse und peilen außen entlang der Fläche der Mutter oder Hülse. Wenn sowohl die Messschieberkante als auch die Fläche der Mutter auf einer Linie liegen, lesen Sie den Wert auf dem Schieber ab.

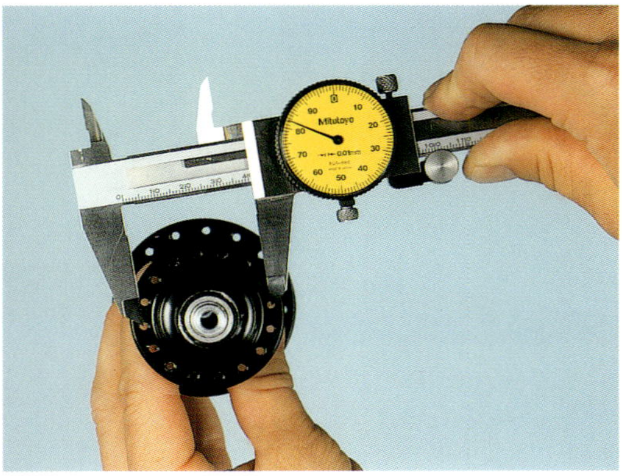

12 Messen Sie am Nabenflansch zwischen zwei gegenüberliegenden Bohrungen den Durchmesser des Lochkreises. Messen Sie auf beiden Seiten der Nabe, da die Flanschdurchmesser differieren können.

STECKEN UND SPANNEN

13 Wenn Sie Alu-Nippel verwenden, fetten Sie diese auf der Außenseite, insbesondere an der gerundeten Kopfauflage. Eine andere Möglichkeit besteht darin, die Ösen oder das Felgeninnere mit einem Pinsel zu schmieren.

14 Stecken Sie auf der Zahnkranzseite von der Außenseite her in jedes zweite Loch der Nabe eine Speiche. Wenn Sie das Vorderrad einspeichen, beginnen Sie auf der Seite, auf der der Schriftzug endet. So ist der Schriftzug später vom Fahrer aus zu lesen und passt in der Orientierung in der Regel zu dem auf der Hinterradnabe.

15 Drehen Sie die Felge so, dass der Schriftzug des Etiketts lesbar zu Ihnen zeigt. Nehmen Sie die erste Speiche und führen Sie diese in das Loch links neben der Ventilbohrung. Wer Wert auf perfekte Optik legt, nimmt hierzu die zweite oder dritte Speiche, die in Drehrichtung des Rades nach dem Schriftzug auf dem Nabenkörper eingefädelt wurde. So steht der Schriftzug später genau am Ventil, wenn das Rad fertig gebaut ist.

16 Nehmen Sie einen Nippel und drehen Sie ihn von Hand auf die Speiche, bis nur noch etwa vier Gewindegänge der Speiche unten am Nippel überstehen.

17 Nehmen Sie die nächste Speiche und stecken Sie diese in das vierte Loch neben der ersten. Es bleiben also drei Löcher frei. Wenn alle Speichen der Zahnkranzseite drin sind, kontrollieren Sie nochmals deren gleichmäßigen Abstand.

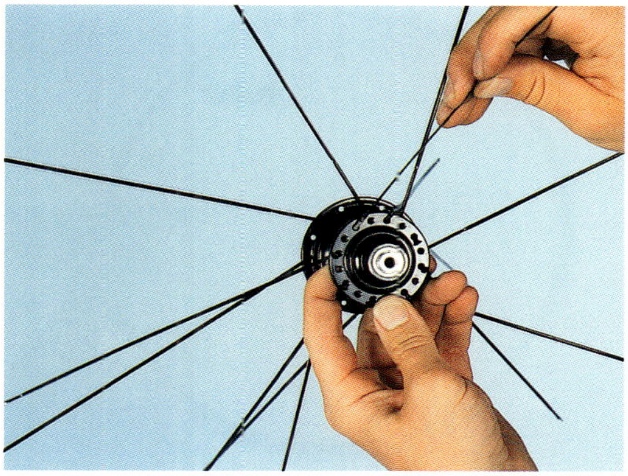

18 Drehen Sie das Laufrad um, sodass die Gegenseite der Nabe zu Ihnen zeigt. Peilen Sie durch die Nabenlöcher und stecken Sie die Speichen der Gegenseite von außen nach innen durch, und zwar gegenüber den belegten Bohrungen auf der Zahnkranzseite um einen halben Lochabstand im Uhrzeigersinn versetzt. Auch hier bleibt wieder jede zweite Bohrung leer.

19 Nehmen Sie die Speiche, die im Uhrzeigersinn etwas versetzt zur gegenüberliegenden Speiche am Ventilloch liegt und führen Sie diese in die Bohrung rechts neben der „Ventilspeiche". Drehen Sie auch hier den Nippel mit den Fingern auf, bis noch vier Gewindegänge frei liegen.

20 Fahren Sie so fort mit den Speichen im Uhrzeigersinn, sodass neben jeder schon eingebauten Speiche rechts eine Speiche der Gegenseite zu liegen kommt. Nach der letzten Speiche haben Sie lauter Paare. Stecken Sie die restlichen Speichen der Zahnkranzseite von innen durch den Flansch nach außen. Wenn alle drin sind, drehen Sie das Laufrad wieder um, sodass die Zahnkranzseite zu Ihnen zeigt.

STECKEN UND SPANNEN

21 Verdrehen Sie den Nabenkörper entgegen der späteren Drehrichtung des Rades. Die Speiche links des Ventilloches wird vom Ventil „weggedreht"! Dieses Wegdrehen bewirkt, dass die Speiche, deren Bogen am Nabenflansch innen anliegt, nicht zur Antriebsspeiche wird. Die im nächsten Schritt montierten Speichen, deren Bögen außen liegen, halten den pulsierenden Antriebskräften dauerhafter Stand.

22 Nehmen Sie eine Speiche und legen Sie diese entgegen des Uhrzeigersinns über zwei Speichen und fädeln Sie diese unterhalb der dritten Speiche durch. Stecken Sie das Gewinde durch das Loch neben der darauf folgenden Speiche. Die Lücke entsteht danach zur nächsten Speiche. Prüfen Sie, ob zwischen den Speichen der Zahnkranzseite immer eine Speiche der gegenüberliegenden Seite liegt!

23 Da Sie jetzt mit den Fingern nicht mehr schrauben können, drehen Sie den Nippel mit einem Schraubendreher ein. Manchmal ist es geschickter, wenn Sie zuerst den Nippel in die Felge einlegen und den Schraubendreher zur Fixierung aufsetzen, bevor sie die Speiche hinführen.

24 Bei Felgen mit hohem Profil, oder wenn die Ösen nicht durch beide Felgenböden gehen, bewährt sich eine Einspeichhilfe, wie sie zum Beispiel von DT Swiss oder Sapim angeboten wird. Darauf werden die Nippel festgeklemmt, sodass Sie nicht entgleiten und im Hohlraum der Felge verschwinden.

25 Fahren Sie mit allen Speichen der Zahnkranzseite so fort, nach der Methode „zweimal drüber, einmal drunter". Nachdem die letzte Speiche vernippelt ist, prüfen Sie nochmals das richtige Speichenbild. Wenn alles korrekt gelaufen ist, haben Sie lauter „Dreierbündel".

26 Stecken Sie die Speichen der Gegenseite von innen durch den Flansch. Oft muss dazu ein gewisser Widerstand überwunden werden, der sich aber verringert, wenn man die Speichen zwischen den Flanschen etwas durchbiegt, damit sie nahezu gerade in das Speichenloch des Flansches eintauchen.

27 Drehen Sie das Laufrad wieder um, damit Sie die Gegenseite oben haben. Setzen Sie auch auf dieser Seite das systematische „zweimal drüber, einmal drunter" fort. Die Speichen werden auf dieser Seite allerdings im Uhrzeigersinn gekreuzt. Das falsche Loch können Sie jetzt nicht mehr treffen, denn viel Auswahl besteht ohnehin nicht mehr.

28 Mit der letzten Speiche vollenden Sie das Werk. Prüfen Sie vor dem Zentrieren nochmals die Kreuzungen, damit nicht versehentlich eine Speiche außen vorbei läuft.

STECKEN UND SPANNEN

29 Wenn alles geklappt hat, stehen die Speichen links und rechts des Ventils parallel. So kann die Pumpe problemlos auf das Ventil gesteckt werden.

30 Zweites und deutlich wichtigeres Kriterium: Die Bögen der Zugspeichen liegen auf beiden Seiten außen, das heißt, ihre Köpfe zeigen zueinander.

ZENTRIEREN

1 Wählen Sie den richtigen Zentrierschlüssel: Werkzeuge mit kleinen Auflageflächen oder zu großer Schlüsselweite können den Vierkant des Nippels beschädigen. Gute Schlüssel umfassen den Nippel an drei Seiten, haben lange Flächen ohne Grate und liegen über eine längere Strecke an der Speiche an.

2 Bei einem neu eingespeichten Laufrad mit losen Speichen bietet sich jetzt die letzte Chance, die konusförmige Auflage der Nippel einzufetten. Fett mindert die Reibung, sodass sich die Nippel in der Felge nicht festfressen können. Drehen Sie dann den Nippel mit dem Schraubendreher weiter auf die Speiche, bis die Unterkante des Nippels gerade den letzten Gewindegang bedeckt.

3

Schneller geht es mit einem speziellen Nippeldreher zum Kurbeln, bei dem eine Nase in die Bohrung des Nippels greift und das Werkzeug beim flinken Schrauben im Eingriff hält.

4

Sind alle Nippel gleichmäßig eingedreht, sollten Sie mit dem Zentrierschlüssel die Spannung schrittweise aufbringen. Die Drehrichtung kann schon mal Probleme bereiten. Hilfreich ist die „Rechte-Hand-Regel“ – auch wenn Sie später die Speichen nachspannen. Umfassen Sie die Speiche so, dass der Daumen zur Nabe zeigt – dann weisen die übrigen Finger der Hand automatisch in die Drehrichtung. Die Daumenrichtung ist auch die Richtung, in die der Nippel beim Eindrehen will. Da er von der Felge gehalten wird, zieht er dabei die Speiche stramm.

5

Setzen Sie den Nippelspanner neben dem Ventilloch an und drehen Sie den Nippel eine halbe Umdrehung. Setzen Sie dann eine Speiche weiter an und erhöhen Sie auch hier die Spannung. Verfahren Sie so mit allen Speichen, bis sie wieder am Ventilloch sind. Sind die Speichen noch schlaff, machen Sie auf die gleiche Weise eine weitere Runde. Spannen Sie nie mehr als eine halbe Umdrehung nach!
Bei der ersten Speiche scheint der Fortschritt zwar gering, aber über den gesamten Umfang verstärkt sich die Wirkung.

ZENTRIEREN

6 Wenn die Speichen etwas unter Spannung stehen, sollte man die Position der Felge zur Nabe kontrollieren. Haben Sie alle Schritte gleichmäßig durchgeführt, müsste beim Vorderrad alles passen. Nicht so beim Hinterrad, denn dort steht die Felge mit Sicherheit asymmetrisch. An professionellen Zentrierständern lässt sich eine Fehlstellung, wie hier im Bild nach rechts, direkt erkennen.

7 Bietet Ihr Zentrierständer diese Möglichkeit nicht, brauchen Sie eine Zentrierlehre. Legen Sie die Lehre auf die Felge und stellen Sie den Taster auf die Nabe ein.

8 Wenden Sie das Laufrad, legen Sie die Lehre erneut auf. Am Taster oder an der Felge ist eine Lücke erkennbar, die die Außermittigkeit aufzeigt. Wundern Sie sich nicht über die große Differenz, denn es handelt sich um eine Umschlagsmessung, der eigentliche Fehler beträgt die Hälfte der sichtbaren Differenz. Im abgebildeten Fall müssten Sie die Felge von der Zahnkranzseite weg zentrieren.

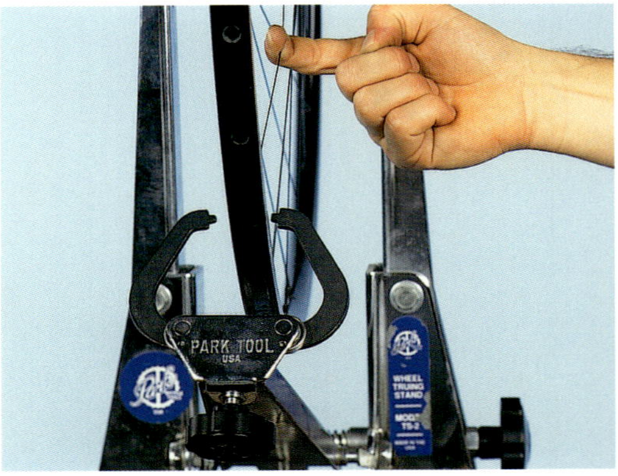

9 Ziehen Sie mit einem Finger eine Speiche nach außen und beobachten Sie den Spalt zwischen Felge und Zeiger des Zentrierständers. Bewegt sich die Felge in die gewünschte Richtung, haben Sie die Seite gefunden, deren Speichen Sie weiter vorspannen müssen.

10 Eine weitere Möglichkeit ist, zwei Speichen einer Seite zusammenzudrücken. Dadurch wandert die Felge ebenfalls zur Seite. Beginnen Sie wieder mit einer Speiche direkt am Ventilloch und drehen Sie der Reihe nach bei jeder zweiten Speiche den Nippel eine viertel Umdrehung.

11 Spannen Sie das Laufrad so weit vor, bis die Felge mittig steht und sich die Speichen straff anfühlen, wenn Sie sie umgreifen.

12 Umfassen Sie zwei gegenüberliegende Speichen-Paare etwa in Speichenmitte und drücken Sie diese zusammen. Machen Sie das über den gesamten Umfang. So werden die Speichenköpfe in den Flansch und die Nippel in die Felge gezogen, und die Speichenbögen schmiegen sich an den Flansch der Nabe an.

13 Die Speichenspannung lässt etwas nach, der runde Lauf ist wieder dahin. Justieren Sie den Zeiger des Zentrierständers so, dass die Felge gerade am Zeiger streift, wenn Sie das Rad drehen. Der Seitenschlag ist am größten, wo die Felge dem Zeiger am nächsten kommt. Hier müssen Sie die Speichen nachspannen – auf der gegenüberliegenden Nabenseite, und höchstens mit Viertelumdrehungen. Wenn die Spannung höher wird, neigen Messerspeichen zum Verdrehen. Halten Sie die Speiche knapp oberhalb des Zentrierschlüssels mit einem Klotz fest (gibt's von DT Swiss und Sapim).

ZENTRIEREN

14 Läuft das Rad ohne größere seitliche Abweichungen, führen Sie die Zeiger des Zentrierständers von unten an die Felge heran, um die Abweichung der Felge in radialer Richtung, den so genannten Höhenschlag, zu kontrollieren. Drehen Sie das Laufrad, beobachten Sie den Lichtspalt und suchen Sie die größten Abweichungen. Wurden die Arbeitsschritte bisher sorgfältig durchgeführt, dürften die Abweichungen vom Rundlauf nur gering sein. Einige Felgen weichen am Stoß vom gewünschten Rundlauf ab, weil sie dort verschliffen werden. Solche Höhenschläge nach innen zur Nabe sind meist kurz und können nicht behoben werden.

15 Wo die Felge dem Zeiger am nächsten kommt, drücken Sie das dortige Speichenpaar zusammen. Wichtig ist, dass Sie eine Speiche von jeder Nabenflanschseite umfassen, denn nur wenn Sie ein gegenüberliegendes Paar Speichen spannen, korrigieren Sie den Höhenschlag, ohne dass es einen massiven seitlichen Verzug gibt. Spannen Sie hier besonders vorsichtig und in kleinen Schritten nach, da die Spannungserhöhung an diesem Speichenpaar die Spannung des am Laufradumfang gegenüberliegenden Paares beeinflusst. Läuft die Felge rund, kontrollieren und zentrieren Sie nochmal den Seitenschlag.

16 Passt alles, setzen Sie die Nabe auf stabilem Untergrund auf einem Holzklotz auf. Umgreifen Sie die Felge mit den Händen an gegenüberliegenden Stellen und drücken Sie sie nach unten. Sie darf sich nur wenig bewegen, gibt aber Knarrgeräusche von sich. Greifen Sie jeweils eine Handbreit weiter und drücken Sie die Felge wieder nach unten. Fahren Sie über den gesamten Umfang so fort, wenden Sie das Laufrad und drücken Sie die Felge wieder schrittweise nach unten. Bei diesem Vorgang werden die Speichen erneut gereckt. Wird danach nochmal sorgfältig nachzentriert, werden sich die Speichen im Fahrbetrieb kaum mehr setzen, die sonst übliche Einfahrzeit mit anschließendem Nachzentrieren entfällt weitgehend.

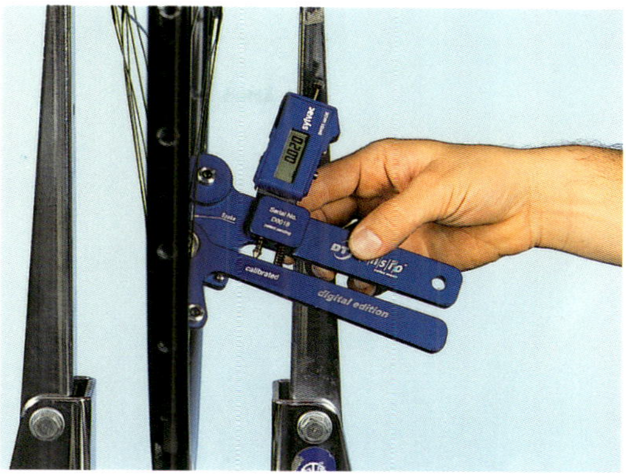

17 Eine Messuhr aus dem Werkzeugfachmarkt, die mit einem Magnetfuß am Zentrierständer angebracht wird, erleichtert die Zentrierarbeit, und der Rundlauf gelingt präzise. Der Zeiger der Uhr sollte etwa in der Mitte seines Messbereichs sein. Drehen Sie das Laufrad im Ständer und suchen Sie die Stelle, die etwa mittig zwischen den großen Ausschlägen nach links und nach rechts liegt. Drehen Sie den Stellring der Messuhr auf die Zeigerposition. Wenn Sie jetzt das Laufrad langsam bewegen, sehen Sie, wie der Zeiger aus der Mitte wandert. Suchen Sie die Speiche, bei der durch Spannungserhöhung der Zeiger wieder zur Nullstellung wandert und spannen Sie diese etwas nach. Drehen Sie weiter und spannen Sie die Speichen so nach, dass der Zeiger schließlich nur noch maximal ein bis zwei Zehntel Millimeter zu jeder Seite ausschlägt. Mit Geduld lassen sich Laufräder, die aus guten Speichen und Felgen aufgebaut werden, nahezu auf Null zentrieren. Manchmal verhindert das aber eine nicht ganz plan zusammengesteckte oder verschweißte Felge.

18 Wie hoch die Speichenspannung sein muss, haben erfahrene Mechaniker im Gefühl. Wie sich ein optimal gespanntes Laufrad anfühlen muss, kann man durch leichtes Zusammendrücken von Speichenpaaren erfahren. Auch gibt die Klangprobe Aufschluss über die Höhe der Spannung. Wesentlich genauer ist ein Speichenspannungsprüfer wie der DT Swiss Tensio. Die Speichen werden einzeln in der Mitte angetastet, die Uhr zeigt die Strecke an, um die die Speiche der definierten Prüfkraft ausweicht. Über Tabellen und Kurven, die es für die verschiedenen Speichen gibt, erfolgt die Einordnung. Angegeben werden der Einfachheit halber die Vorspannkräfte, die Spannung selbst wäre dieser Wert, bezogen auf die Querschnittsfläche. Offensichtlich wird auch, wenn zwischen einzelnen Speichen einer Seite Abweichungen auftreten, die auf Dauer den Speichenbruch herbeiführen können.

ZENTRIEREN

19 Deutlich preiswerter als das 500 Euro teure Gerät erfüllt auch die einfachere Version mit analoger Messuhr (200 Euro) der Schweizer Speichenprofis (www.dt-swiss.com) seinen Zweck – ebenso wie der Tensiometer von Braun (www.zentriboy.de) für rund 142 Euro. Die Speichenspannung in Zahlen zu fassen, ist nicht ganz einfach, denn sie sollte vom Fahrergewicht und vom Einsatzzweck der Speiche abhängig gemacht werden. Auch spielt der Speichentyp eine Rolle. Speichen, die mit Kräften von 200 bis 500 Newton vorgespannt wurden, sind sehr defektanfällig. 600 bis 800 N können für den normalen Einsatz eines einfachen Laufrades genügen. Doch sportlich genutzte Laufräder werden stark belastet. Gute Speichenqualität vorausgesetzt, sind Kräfte zwischen 900 und 1100 N sinnvoll, 1300 N sollten jedoch nicht überschritten werden. Oft wird die Kraft noch in Kilogramm angegeben, multipliziert mit 10 ergibt sich der Wert in Newton.

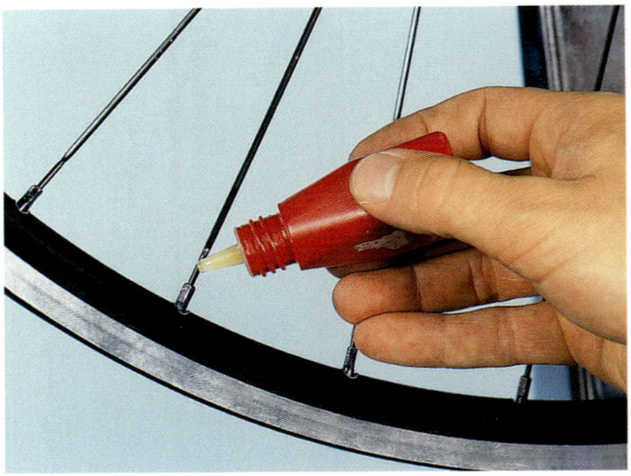

20 Wenn alles passt, träufeln Sie etwas flüssige Schraubensicherung (über DT Swiss oder Sapim) mittlerer Festigkeit von der Speichenseite auf jeden Nippel. Versetzen Sie das Laufrad in Drehung, dringt der Klebstoff in den Spalt und härtet dort aus. Damit können sich die Nippel nicht von selbst lösen.

TIPPS & TRICKS

- *Manche Laufrad-Profis verlöten die Speichen an den Kreuzungspunkten. Für diese Maßnahme spricht eine etwas gleichmäßigere Lastverteilung im Laufrad, dagegen steht der hohe Arbeitsaufwand und die schlechte Reparierbarkeit.*
- *Zu Zöpfen verflochtene Speichen sind lediglich ein optischer Gag – technische Argumente gibt's dafür nicht.*

SONDERFALL SYSTEMLAUFRÄDER

FORMSACHE

Schnell, leicht und schön – System-Laufräder sind heiße Favoriten, wenn's ums Tuning der Rennmaschine geht. Die Kehrseite der Medaille sind seltene Speichen und kompliziertes Zentrieren.

Trotz der Modellvielfalt zeichnet alle Systemlaufräder ein Prinzip aus: wenig Speichen, die dafür sehr straff gespannt sind. Diese Reduzierung der Speichenzahl hat Folgen. Damit die enorme Spannung nicht zu Brüchen von Speichen, Felgen oder Nabenflanschen führt, kommen steife Felgenprofile und aufwändige Aufhängungen der Speichen in den Naben zum Einsatz.

Natürlich sind auch solche Räder nicht vor Defekten gefeit – und dann verursachen sie größere Probleme als die klassischen Laufräder. Die Beseitigung eines Seitenschlages erfordert eventuell besonderes Werkzeug, das nicht alle Hersteller beim Kauf mitliefern. Die Spezialspeichen sind selten und schwer zu besorgen – wer auf einen Laufrad-Defekt nicht vorbereitet ist, riskiert deshalb längere Ausfallzeiten. Sie sollten deshalb schon beim Laufrad-Kauf prüfen, ob das benötigte Zentrierwerkzeug mitgeliefert wird. Wenn nicht, sollten Sie es gleich zusammen mit einigen passenden Ersatzspeichen nachbestellen. Eine lohnende Investition bei Laufrädern mit Messerspeichen ist auch ein Werkzeug, mit dem die Speichen gegen Verdrehen festgehalten werden können.

Auch wenn Sie entsprechend vorgesorgt haben: Bei Speichenbrüchen innerhalb der Garantiezeit sollten Sie zunächst nicht selbst Hand anlegen, sondern Ihren Händler aufsuchen. Dieser kann nach Rücksprache mit dem Hersteller entscheiden, ob das Rad kostenlos repariert wird. Wer zu früh selbst schraubt, riskiert, dass weitere Garantieforderungen bei gravierenden Defekten wie etwa Flanschausbrüchen abgelehnt werden.

Normale Seitenschläge und die deutlich seltener auftretenden Höhenschläge kann man leicht herauszentrieren, vorausgesetzt man hat Erfahrung im Umgang mit Laufrädern und einen soliden Zentrierständer. Etwas Geduld gehört auch dazu, um sich mit der neuen Zentriertechnik vertraut zu machen.

MESSERSPEICHEN, AEROFELGEN

1

Üblicherweise werden Speichen nur nachgespannt und nie gelöst. Dies liegt daran, dass sich die einzelnen Bestandteile setzen und einander anpassen und durch diese Veränderungen im Millimeterbereich die Spannung der Speichen leicht nachlässt. Bevor Sie mit dem Zentrieren beginnen, müssen Sie deshalb prüfen, ob die Speiche auch wirklich gespannt wird, wenn Sie den Nippel drehen. Normalerweise kann sich der Kopf des Speichennippels in einer Führung (dem Felgenboden) frei drehen, während er sich auf das Gewinde der Speiche schraubt. Je weiter der Nippel auf die Speiche geschraubt wird, umso straffer wird die Speiche gespannt. Die richtige Drehrichtung finden sie mit der „Rechte-Hand-Regel“: Deuten Sie mit dem Daumen in die Richtung, in die sich der Nippel bewegen soll. Die Finger der geschlossenen Hand zeigen dann, wie Sie den Speichenschlüssel drehen müssen.

2

Lassen Sie das Laufrad langsam im Zentrierständer drehen und finden Sie die verschiedenen Bereiche des Verzugs heraus. Ein Teil des Laufrades läuft meist in der Mitte, die anderen Bereiche mehr oder weniger seitlich verschoben. Markieren Sie den größten Ausschlag und den gesamten verzogenen Bereich, etwa mit Kreide. Indem Sie an einer Speiche leicht zur Seite ziehen, erkennen Sie, in welche Richtung sich die Felge bewegen wird, wenn diese Speiche angespannt wird. Spannen Sie nicht nur die Speiche an, bei der die Felge den größten Ausschlag zeigt. Beginnen Sie stattdessen am Anfang des Seitenschlages und spannen Sie diese Speiche nur leicht nach, indem Sie den Speichenschlüssel wenige Winkelgrade drehen. Eine viertel oder halbe Umdrehung kann schon zu viel sein! Halten Sie Messerspeichen fest, damit diese nach dem Zentrieren nicht quer zur Fahrtrichtung stehen. Im Zentrum der größten seitlichen Abweichung spannen Sie etwas mehr, zum Ende wieder weniger nach. Prüfen Sie, wie das Rad läuft.
Bei Höhenschlägen werden die Speichen beider Flanschseiten immer paarweise nachgespannt. Tun Sie das in sehr kleinen Schritten: Das paarweise Nachspannen der Speichen beeinflusst das gesamte Spannungsgefüge im Laufrad. Starkes Nachspannen an einer Stelle führt zu Veränderungen auch gegenüber – das Rad kann schnell oval werden.

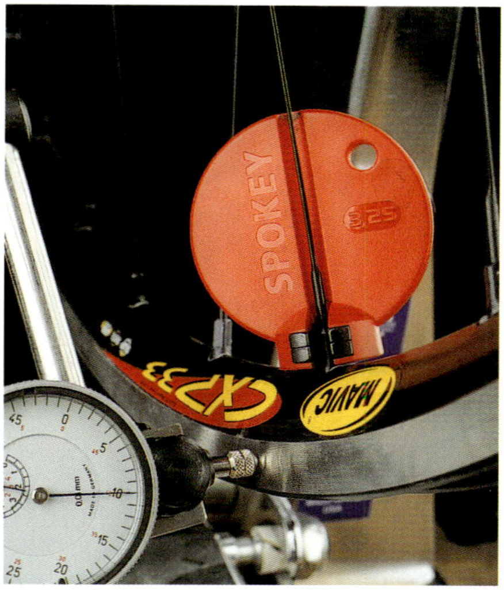

3

Beim Zentrieren von Sonderlaufrädern werden die Nippel aufgrund der hohen Speichenspannung stark belastet. Zudem kommen aus Gewichtsgründen oft Nippel aus Aluminium zum Einsatz, die im Vergleich zu Messing sehr weich sind. Damit die Schlüsselflächen nicht leiden, sollten sie nur präzise passendes Werkzeug verwenden, so wie diesen knapp fünf Euro teuren Schlüssel, bei dem zwei Stahlplättchen die eingeleitete Kraft auf großer Fläche verteilen.

4

Ist kein Vierkant und keine andere Möglichkeit erkennbar, das Werkzeug anzusetzen, liegt der Speichennippel vermutlich in der Felge versteckt. Dann benötigen Sie einen Sechskantschlüssel, meist in einer Schlüsselweite von fünf oder sechs Millimetern. Steckschlüssel mit Griff gibt's im Werkzeugfachhandel, doch müssen sie gelegentlich dünner geschliffen werden, damit sie in die engen Bohrungen des Felgenbodens passen.

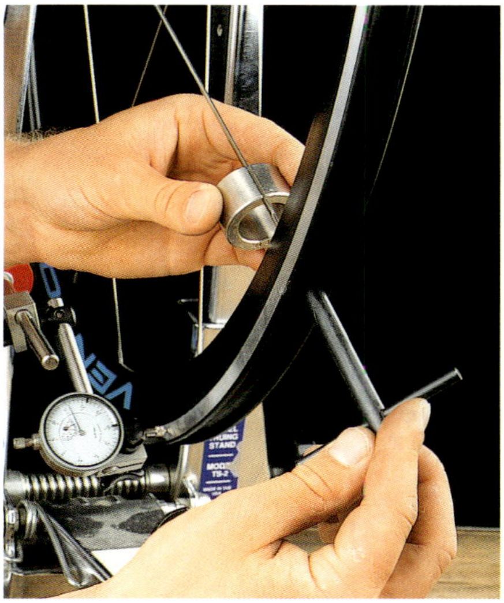

5

Um an die Nippel heranzukommen, müssen Sie in diesen Fällen das Felgenband abziehen. Prüfen Sie wieder die Drehrichtung des Nippels und zentrieren Sie wie beschrieben. Das ist in diesem Fall etwas schwieriger. weil Sie das Laufrad an dieser Stelle von der Uhr oder dem Abstandszeiger des Zentrierständers wegdrehen müssen, damit Sie das Werkzeug ansetzen können. Halten Sie die Speiche deshalb einfach mit dem Finger fest, mit dem Sie die Zugrichtung geprüft haben und drehen Sie die Speiche hoch. Verwenden Sie nach dem Zentrieren ein neues Felgenband, am besten ein geklebtes Stoffband wie das von Velox.

MESSERSPEICHEN, AEROFELGEN

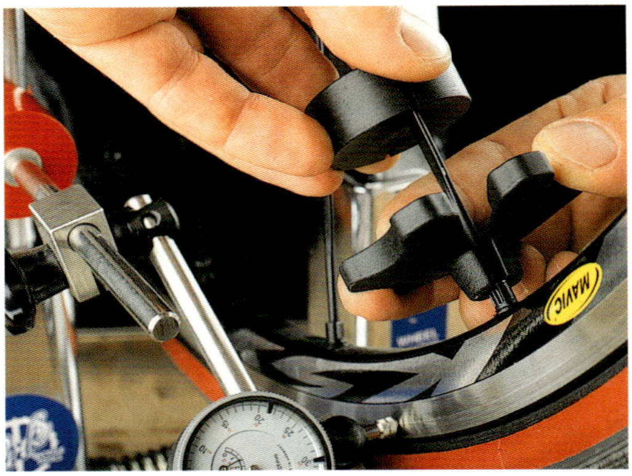

6 Bei Mavics Ksyrium-Laufrädern ist vieles anders: Die Speichen sind aus Aluminium, auf den Nippeln sind keine Vierkante für das Werkzeug, sondern Nuten, und der Nippel wird in einem Linksgewinde in die Felge geschraubt. Beim Zentrieren bleibt dennoch fast alles beim alten. Wie vom klassischen Laufrad gewohnt, wird der Zentrierschlüssel gedreht. Tückisch ist jedoch, dass die Steigung des Gewindes deutlich größer ist, weshalb schon minimale Drehung am Schlüssel starke Nachspannwirkung hat. Arbeiten Sie also entsprechend vorsichtig.

7 Die Vectran-Kunstfaser-Speichen von Spinergys Spox-Laufrädern reagieren ebenfalls sehr sensibel auf Verdrehen. Deshalb liefert der Hersteller zwei in der Schlüsselweite unterschiedliche Zentrierwerkzeuge mit. Wenn Sie den zu zentrierenden Bereich festgelegt haben, markieren Sie die Speichen am oberen Ende, dann geht das Nachspannen zügiger. Führen Sie den größeren Schlüssel auf den „Nippel" und halten Sie mit dem kleineren die Speiche fest. Der Nippel wird für eine höhere Spannung rechtsherum gedreht, auch hier funktioniert die Rechte-Hand-Regel.

8 Verwirrung stiften die gekreuzt eingehängten Speichen bei Shimanos Laufrädern, doch ist auch hier fast alles normal. Die Speichen ziehen die Felge in Richtung des Nabenflansches, an dem sie befestigt sind. Mit der Rechte-Hand-Regel lässt sich die Drehrichtung der Nippel einfach bestimmen. Shimano liefert den Schlüssel mit, was fehlt, ist ein geschlitzter Klotz, um die Speichen gegen Verdrehen zu sichern.

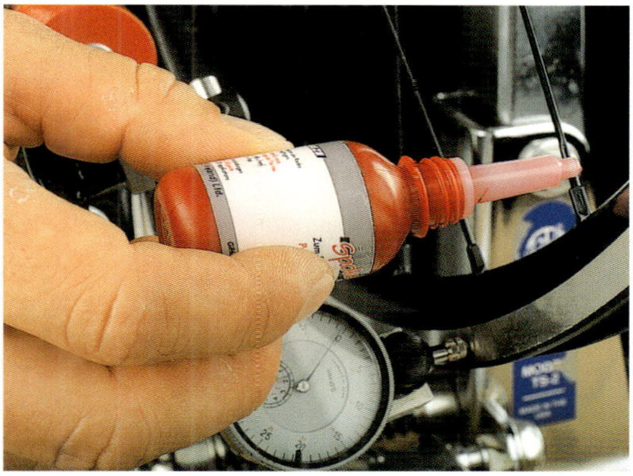

9 Nachdem Speichen ersetzt wurden, oder wenn sich das Laufrad weich anfühlt, sollte die Speichenspannung mit einem entsprechenden Messgerät kontrolliert werden. Zu wenig Spannung kann zu regelmäßigen Seitenschlägen und eventuell völligem Lösen der Speichen führen; zu viel Spannung schädigt Nabe und Speichen. Viele Hersteller geben die Speichenspannung an, wenn nicht, muss ein Laufrad gleichen Typs zum Vergleich herangezogen werden.

10 Wenn sich Speichen häufig lösen, können Sie mit speziellem Nippelkleber fixiert werden. Empfehlenswert ist dies vor allem, wenn das Laufrad nach der Einfahrzeit nochmals perfekt zentriert wurde. Der gleichmäßige Spannungszustand wird dann so lange wie möglich konserviert. Wenn bei der Fahrt ein Schlag ins Laufrad kommt, lässt der Klebstoff dennoch das Zentrieren zu.

TIPPS & TRICKS

- *Zerkratzte Alu-Speichen (z.B. Mavic Ksyrium) können Sie mit Farbe nachlackieren, das schützt vor Korrosion.*
- *Schützen Sie die Nabe und die Speichenaufnahmen in den Flanschen mit Sprühwachs vor Korrosion. So beugen Sie gleichzeitig auch Knarrgeräuschen vor. Wichtig: Bringen Sie kein Wachs auf die Felgenflanken!*

ZUGNUMMER

Geschmeidig laufende Bowdenzüge sind die Voraussetzung für präzise Gangwechsel und kontrolliertes Bremsen.

Reibung ist der Feind guter Dosierbarkeit und präziser Schaltvorgänge. Bowdenzüge – die klassische Kombination aus geflochtenem Stahlseil und verstärkter Außenhülle – können jedoch konstruktionsbedingt nicht reibungsfrei sein: Sie sind schmutzanfällig, und sie dehnen sich unter Belastung. Für den Einsatz am Fahrrad ist das eigentlich nicht optimal, doch solange hydraulische und elektrische Schaltungssysteme größtenteils noch in der Entwicklung sind, gibt es kaum Alternativen. Die korrekte Verlegung der Züge und ihre regelmäßige Pflege sind deshalb von großer Bedeutung.

Immerhin: Seit es die gerasteten Schaltsysteme gibt, wurden die Bowdenzüge deutlich verbessert und dem jeweiligen Einsatzzweck an Bremse beziehungsweise Schaltung angepasst. Schalt- und Bremszüge unterscheiden sich im Durchmesser des innen laufenden Stahlseils, auch „Seele" genannt, sowie in der Form des Kopfes und der Machart der Außenhülle. Kunststoffröhrchen, die die Seele ummanteln und die Reibung mindern, sind mittlerweile Standard. In jüngster Zeit experimentieren die Hersteller mit Beschichtungen des Zuges und Kombinationen mehrerer Kunststoffröhrchen.

Trotz dieser Optimierung des Materials wird das größte Hemmnis reibungsarmen Schaltens oft übersehen. Die Umlenkung um das Tretlagergehäuse kann alle Bemühungen zunichte machen. Oft findet man vor allem an Stahlrahmen aufwändig gegossene Gehäuse, die Kerben oder spezielle Kanäle zur Zugführung aufweisen und dadurch erst recht das indexierte Schaltvergnügen vereiteln. Der Zug gräbt sich zuerst in den Lack des Rahmens ein, bis er auf Metall stößt. Spätestens wenn der Rahmen dort zu rosten anfängt – und das tut er an dieser Stelle, die dem Beschuss mit Spritzwasser ausgesetzt ist, unweigerlich –, wird die Zugreibung so stark, dass die Feder des Schaltwerkes nicht mehr in der Lage ist, den Zug zurückzuziehen.

Campagnolo und Shimano gehen bei der Schaltzugführung verschiedene Wege. Bei Shimanos Dual-Control-Hebeln wird der Zug frei vom Griff zum Unterrohr geführt, was technisch sinnvoll, aber Traditionalisten ein Ärgernis ist, weil es ihrer Meinung nach die aufgeräumte Optik am Lenker stört. Campagnolo verlegt das Kabel entlang des Lenkers und verursacht so durch die vielen Kurven deutlich mehr Reibung im System. Besonders bei kleinen Rahmenhöhen ist diese Verlegung kritisch, da nur sehr wenig Zuglänge zur Verfügung steht, um ohne Knick vom Lenker zum Widerlager am Unterrohr zu gelangen. Eine deutliche Verbesserung bringt die Verlegung der Züge über Kreuz: Der Zug des Umwerfers führt an die rechte Unterrohrseite, der des Schaltwerks an die linke. Damit die Funktion gewährleistet bleibt, kreuzt man die Züge unterhalb des Unterrohres wieder.

Die Frage, welche Bremse man von der linken oder rechten Lenkerseite aus bedient, wird unter Rennradfahrern oft kontrovers diskutiert. Traditionell wird bei sportlichen Fahrrädern die vordere Bremse nach links gelegt, bei Rädern mit Nabenschaltungen ist die Vorderradbremse jedoch mit rechts zu bedienen, wie dies auch bei allen motorbetriebenen Zweirädern üblich ist. Abzuraten ist auf jeden Fall davon, bei mehreren Rädern im Fuhrpark die Anordnung zu variieren, sonst kann das in einer Gefahrensituation üble Folgen haben. Der schweizerische Ex-Profi Tony Rominger hat vor Jahren einmal vor Beginn des Giro d'Italia mit der alten Gewohnheit gebrochen und die Zuordnung seiner Bremsen getauscht. Er musste damit sehr schlechte Erfahrungen in Form einiger Stürze machen und hat das Experiment schnell wieder beendet.

SCHALTZÜGE

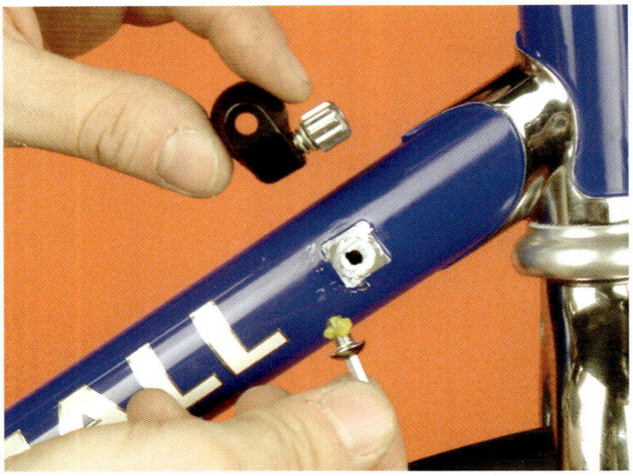

1 Fetten Sie den Sockel des Schaltzug-Widerlagers und die Schraube zur Sockelbefestigung. Bei Fahrern, die stark schwitzen, ist dieser Bereich besonders korrosionsgefährdet, Fett beugt hier vor. Drehen Sie die Stellschraube vollständig am Sockel ein.

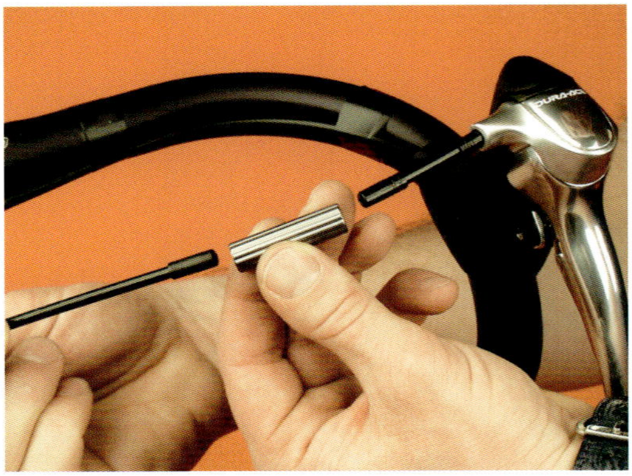

2 Bei Rahmen ohne Widerlager-Sockel am Unterrohr können solche verstellbaren Zugteiler aus dem Zubehörhandel montiert werden. Sie erlauben die Korrektur der Schaltungseinstellung auch während der Fahrt. Achten Sie darauf, die Endkappen des getrennten Zuges bis zum Anschlag aufzuschieben. Fetten Sie hier die Hülsen nicht ein, sonst hat der Verstellmechanismus zu wenig Widerstand und dreht sich auf den Zügen, anstatt diese zu spannen.

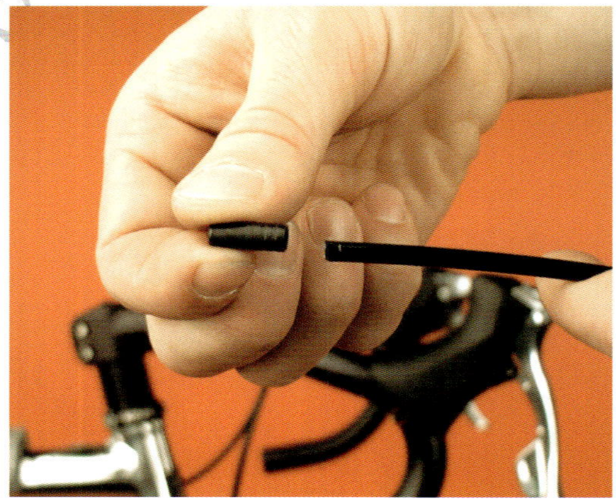

3 Achten Sie darauf, dass Sie die Hülle rechtwinklig ablängen. Drücken Sie den Zug an der Schnittstelle wieder in seine runde Form und öffnen Sie das Kunststoffröhrchen mit einer angespitzten Speiche. Bringen Sie etwas Fett auf das Hüllenende, damit die Endkappe besser aufzuschieben ist, und klopfen Sie mit einem Gummihammer in Zugrichtung auf die aufgesetzte Endkappe, damit diese ganz auf das Ende rückt.

4 Legen Sie die Außenhülle in der Sicke entlang des Lenkers bis an die verdickte Stelle neben der Lenkermitte. Hier endet später das Lenkerband und der Zug tritt ins Freie. Halten Sie die Außenhülle dort mit einer Hand fest und verlegen Sie einen weiten Bogen zur Vorderradbremse. Beachten Sie, dass die Hülle nicht geknickt wird. Bei der Verlegung des hinteren Bowdenzuges und der Schaltzüge schlagen Sie zusätzlich den Lenker vollständig ein, um die benötigte Länge zu erzielen.

5 Schneiden Sie den Schaltzug mit einem speziellen Zugabschneider zu, zum Beispiel von Shimano oder Park Tool, oder verwenden Sie einen sehr scharfen Seitenschneider. Stumpfes Werkzeug quetscht den Zug und erfordert umfangreiche Nacharbeiten.

6

Der Anschlag der Schaltzüge in den Widerlagern am Oberrohr ist eine häufige Ursache für Knarrgeräusche. Fetten Sie das Zugende und die Zugaufnahme.

SCHALTZÜGE

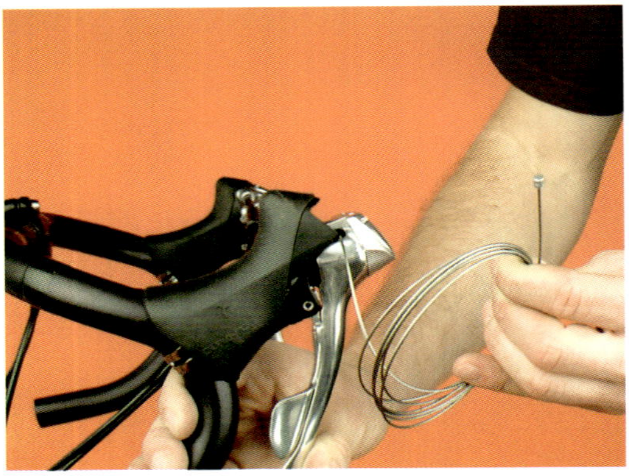

7 Entspannen Sie den Schalthebel vollständig, damit Sie den Zug an die richtige Stelle der Zugtrommel einsetzen können. Ziehen Sie bei Shimano den Bremshebel zum Lenker, oder klappen Sie bei Campagnolo den Griffgummi vom Lenker weg, damit Sie den gefetteten Zug einführen können. Fädeln Sie die Außenhülle auf und führen Sie den Zug zum Umwerfer, beziehungsweise zum Schaltwerk. Fetten Sie auch hier die Kontaktstellen der Endkappen der Außenhüllen mit den Anschlägen am Rahmen, um Knarrgeräusche zu vermeiden.

TIPPS & TRICKS

- *Kürzen Sie Shimano-Bowdenzug-Außenhüllen nicht an der Seite mit dem Schriftzug, sonst schneiden Sie die Fettpackung ab, die der Hersteller eingepresst hat.*
- *Wischen Sie die Innenzüge in den offen liegenden Bereichen wieder ab, sonst sammelt das Fett unnötig viel Staub und Schmutz auf.*

8 Shimanos Schaltzugaußenhüllen erhalten bereits im Werk eine Fettpackung am Ende mit der Schrift. Orientieren Sie diese so, dass Sie den Zug von dort in die Hülle führen, so wird das Fett verteilt. Fetten Sie dennoch den Zug beim Einführen, um Wassereintritt zu vermeiden.

9 Um übermäßige Reibung am Tretlagergehäuse zu vermeiden, eignen sich spezielle Kunststoffschienen am besten. Diese werden mittlerweile von den meisten Rahmenbauern serienmäßig montiert. Außerdem liegen diese Führungen auch den Schaltgriffen bei. Bei älteren Rahmenformen mit gegossenem Tretlager-Stahlgehäuse können Teflonröhrchen die Schalteigenschaften verbessern, die entlang der Führungen ins Gehäuse gelegt und mittels Zwei-Komponentenklebstoff fixiert werden.

Bowdenzüge & Co

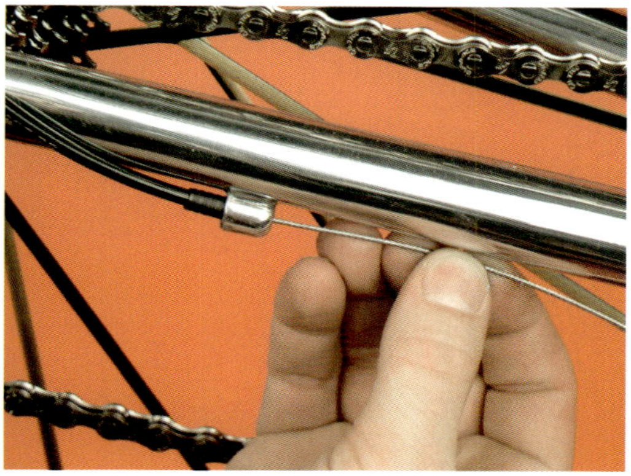

10 Die Länge der Außenhüllen der Schaltzüge von den Schalthebeln zu den Widerlagern am Rahmen muss ebenfalls individuell angepasst werden. Nicht verändert wird dagegen das kurze Stück der Außenhülle, das von der Kettenstrebe zum Schaltwerk führt. Die Schaltungshersteller geben den Rahmenbauern genaue Vorgaben, an welche Stelle die Anschläge positioniert sein müssen, damit die Funktion nicht leidet. Auf diese Länge sind die Hüllen vorbereitet.

11 Achten Sie beim Festklemmen des Schaltzuges darauf, dass er auf der richtigen Seite der Schraube geklemmt wird, die Klemmscheibe weist dort in der Regel eine Führungsnut auf. Wird der Zug auf der anderen Seite fixiert, verändert dies das Übersetzungsverhältnis der Schaltung – Funktionseinbußen können die Folge sein.

12

Verlegen Sie auch den Schaltzug für den vorderen Umwerfer durch die Nut der Klemmscheibe. Ziehen Sie den Zug straff und drehen Sie die Schraube ein.

BREMSZÜGE

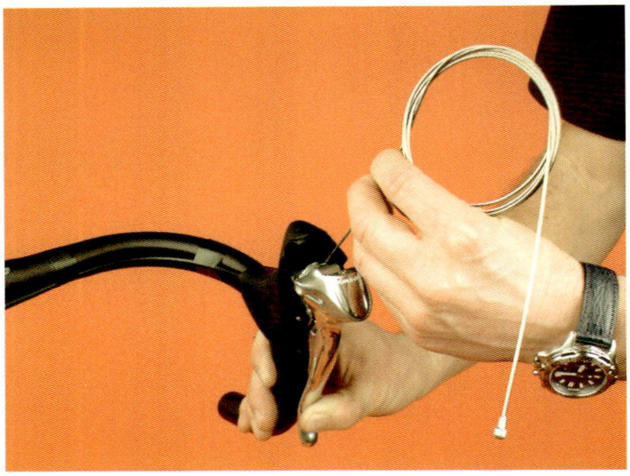

1 Ziehen Sie den Bremshebel zum Lenker und fädeln Sie den Zug in das Lager ein. Den größten Öffnungsgrad erzielen Sie bei Shimano-Hebeln, wenn Sie den Schalthebel zuerst entspannen und dann wie bei einem Schaltvorgang ganz nach innen schwenken. Beachten Sie, dass die Zugaufnahme richtig steht, so nimmt die Senkung darin den Nippel sauber auf.

2 Sonderfall innenverlegte Züge: Versuchen Sie beim Neuaufbau des Rades gar nicht erst, die Außenhülle zuerst durch das Rahmenrohr zu schieben. Solche Versuche sind nahezu hoffnungslos, dafür ist die Hülle zu dick und zu weich. Am besten durchdringen Sie die „Tunnel" im Rahmen zunächst mit einem steifen Stahldraht anstelle des flexiblen Innenzuges. Biegen Sie dessen Spitze etwas winklig, bevor Sie den Draht einfädeln. Markieren Sie außerdem die Länge des Drahtes, die im Inneren des Rohres verschwindet, nachdem Sie dies außen am Rohr abgemessen haben. Das erleichtert anschließend die Orientierung, wie weit entfernt sich der eingeführte Zug von der Austrittsöffnung befindet. Durch Drehen sowie vorsichtiges Hin- und Herbewegen oder Verbiegen sollte der Zug dann wieder ans Tageslicht treten. Wenn der Stahldraht aus der Öffnung lugt, können Sie die Außenhülle von der Gegenseite her in das Rahmeninnere schieben. Vergessen Sie dabei nicht, den Draht wieder gerade zu biegen, sonst gleitet die Außenhülle schlecht darüber. Ziehen Sie schlussendlich den Hilfsdraht heraus und ersetzen Sie ihn durch den flexiblen Innenzug.

3 Schieben Sie die Hülle ganz in die Aufnahme am Bremshebel und kleben Sie die Hülle an zwei bis drei Punkten mit Isolier- oder Gewebeband am Lenker fest. Drücken Sie dazu die Hülle mit einer Hand fest in die Lenkersicke und wickeln Sie das Band straff in zwei bis drei Lagen um den Lenker.

BREMSE EINSTELLEN

1

Richten Sie die Bremsbeläge in der Höhe, bei Campa-Bremsen zusätzlich parallel und in der Neigung präzise auf die Bremsflächen der Felge aus und ziehen Sie die Schrauben leicht an. Der Belag darf nicht an der Reifenflanke scheuern – halten Sie nach oben einen Abstand von mindestens einem Millimeter ein.

2

Richten Sie die Beläge bei Shimano-Bremskörpern mit der Stellschraube auf der Oberseite des Bremskörpers mittig auf die Felge aus. Der Abstand der Beläge zur Felge muss bei Shimano-Bremsen weniger als einen Millimeter pro Seite betragen, sonst schlägt der Bremshebel bei Vollbremsungen am Lenker an!

3

Bei Campas Zweigelenkbremsen befinden sich die Stellschrauben seitlich in Höhe der Gelenke. Wenn alles so weit eingestellt ist, ziehen Sie den Bremshebel mehrfach mit Kraft zum Lenker. Der Hebelweg wird länger, denn die Innenzüge längen sich und die Außenhüllen werden gestaucht.

4

Bei Campa-Bremsen kann der Abstand der Bremsbeläge zur Felge einen bis zwei Millimeter betragen. Straffen Sie den Zug nochmals. Die Feineinstellung des Abstands der Beläge zur Felge gelingt mit der Einstellvorrichtung am Bremsarm am einfachsten. Drehen Sie die Mutter von oben gesehen im Uhrzeigersinn, dann wird die Schraube, durch die der Zug läuft, nach oben verschoben, die Beläge gelangen näher an die Felge.

SCHALTUNG EINSTELLEN

1

Schalten Sie mit dem Umwerfer auf das kleine Blatt und hinten auf das kleinste Ritzel. Drehen Sie die Justageschrauben für die Zugspannung am Schaltwerk und an beiden Gegenhaltern am Unter- oder Steuerrohr ganz hinein. Prüfen Sie die Spannung des Schaltseiles. Sollte es nicht straff gespannt sein, lösen Sie bei Bedarf die Zugklemmschraube und ziehen Sie den Zug stramm. Drehen Sie nun an der Kurbel und schalten Sie einen Gang leichter. Die Kette sollte unmittelbar aufs nächste Ritzel hochklettern.

2

Tut sie das nur zögerlich oder gar nicht, reicht die Zugspannung nicht; Sie müssen den Zug etwas straffen. Schalten Sie dazu wieder aufs kleinste Ritzel und drehen Sie die Justageschraube am Schaltwerk eine Raststufe, maximal jedoch eine halbe Umdrehung heraus. Die Außenhülle wird dadurch vom Schaltwerk wegbewegt, der Innenzug gewinnt an Spannung. Prüfen Sie den Schaltvorgang erneut und in beide Richtungen.

3

Klappt der Schaltvorgang vom kleinsten aufs nächst größere Ritzel, schalten Sie alle Gänge durch. Zum größten Ritzel hin ist große Vorsicht geboten, damit das Schaltwerk nicht in die Speichen gerät, oder die Kette über das Kettenrad hinausklettert. Drehen Sie langsam und stoppen Sie das Hinterrad sofort, wenn eine der beiden Gefahren besteht. Liegt die Kette auf dem größten Zahnrad, drücken Sie das Parallelogramm des Schaltwerks von Hand in Richtung der Speichen. Bei normalen Kräften dürfen weder die Kettenführung noch die Kette Kontakt mit dem Laufrad bekommen.

4

Ist dies nicht der Fall, müssen Sie die Position mit der Endanschlagschraube einrichten. Bei Schaltwerken sind die Schrauben oft mit „h“ für „high gear“ und „l“ für „low gear“ gekennzeichnet. Der hohe Gang bedeutet in diesem Fall die große Übersetzung, also das kleine Ritzel. Drehen Sie die Schraube rechtsherum, wenn das Schaltwerk weiter innen stehen muss, nach links, wenn die Rollen weiter außen laufen sollen. Bei nicht markierten Schrauben hilft nur der Versuch.

5

Ist das Schaltwerk fertig justiert, zwicken Sie den Zug ab und fixieren Sie das Ende mit einer Zug-Endkappe. Drücken Sie die Kappe mit einem Seitenschneider gefühlvoll zusammen. So wird die Kappe fixiert und der Zug gegen Aufspleißen gesichert. Wenn die Schaltpräzision später im Betrieb nachlässt, spannen Sie den Zug nach, indem Sie die Schraube am Anschlagsockel am Unterrohr etwas herausdrehen.

6

Betrachten Sie in verschiedenen Gängen die Stellung der oberen Rolle zum Kranz. Zwischen der Kettenführungsrolle und den Ritzeln sollten, wie im Bild, mindestens ein bis zwei Glieder Platz sein. Zur Einstellung dieses Abstandes hat das Schaltwerk eine Schraube, die sich auf der Stirnseite des Ausfallendes abstützt. Drehen Sie diese Schraube ein, bis der gewünschte Abstand hergestellt ist.

UMWERFER EINSTELLEN

1 Kontrollieren Sie die Position des Umwerfers zu den vorderen Kettenblättern. Schwenken Sie den Umwerferkäfig dazu so weit nach außen, dass das äußere Kettenführungsblech genau über den Spitzen des großen Blattes steht. In dieser Position müssen ein bis zwei Millimeter Platz zwischen den Zahnspitzen und dem unteren Rand vorhanden sein.
Peilen Sie von oben auf den Werfer. Das äußere Führungsblech muss parallel zum Kettenblatt ausgerichtet sein. Öffnen Sie zur Justage die Befestigungsschraube am Sitzrohr und verschieben bzw. verdrehen Sie das Teil. Drehen Sie die Schraube wieder fest.
Schalten Sie hinten aufs größte Ritzel und vorne aufs kleinste Blatt. Das innere Führungsblech darf in dieser Stellung (kleinster Gang) nicht an der Kette streifen, wenn Sie die Kurbel drehen. Der Abstand zur Kette muss jedoch so gering wie möglich ausfallen, damit die Kette nicht nach innen herabfällt. Stellen Sie den Abstand mit der Endanschlagschraube ein. Oft lässt sich die Schraube durch den mit hoher Federkraft aufliegenden Umwerfer nur schwer drehen. Entlasten Sie die Schraube, indem Sie den Umwerfer von Hand etwas nach außen schwenken.

2 Straffen Sie den Zug nochmals, indem Sie die Schraube lösen und stramm ziehen. Drehen Sie die Schraube wieder fest. Schalten Sie dann hinten auf das kleinste Ritzel und vorne auf das große Blatt. Im größten Gang sollte die Kette ebenfalls nicht an den Leitblechen streifen.
Stellen Sie den Abstand an der Endanschlagschraube ein. Die Schraube lässt sich gegen die Kraft des Zuges nicht eindrehen. Entspannen Sie deshalb den Zug am Schaltgriff, ohne dabei die Kurbel zu drehen. Nachdem Sie die Schraube eine halbe Umdrehung verstellt haben, schalten Sie wieder hoch und kontrollieren den Abstand erneut. Drehen Sie dazu die Kurbel, denn die Kettenblätter taumeln gelegentlich leicht. Justieren Sie gegebenenfalls erneut.
Gelingt die Justage nicht hundertprozentig, ist es im Zweifelsfall sinnvoller, ein leichtes Schleifgeräusch in den extremen Gängen zu tolerieren, anstatt das Risiko einzugehen, dass die Kette bei einem hektischen Schaltmanöver abgeworfen wird.

3 Schalten Sie zur abschließenden Kontrolle alle Gänge mehrfach durch. Insbesondere der Umwerfer muss bei verschiedenen Geschwindigkeiten kontrolliert werden, damit ein Abwerfen zuverlässig ausgeschlossen werden kann. Schalten Sie auch extreme Gänge, das heißt vorne groß und hinten groß, sowie hinten klein und vorne klein.
Selbstverständlich sollten Sie diese Gänge mit starkem Schräglauf später nicht fahren, denn die Reibung und damit der Verschleiß nehmen dabei drastisch zu.
Passt alles, prüfen Sie, ob sich der Zug nach hinten durchflechten lässt und so sauber aufgeräumt werden kann.
Kürzen Sie den Schaltzug danach auf die entsprechende Länge mit einem der vorgenannten scharfen Schneidewerkzeuge.

4 Stecken Sie eine Endkappe auf das Zugende und sichern Sie sie durch gefühlvolles Zusammendrücken gegen Abrutschen. Das Ende spleißt nicht auf, die Verletzungsgefahr durch die scharfen Drähtchen ist gebannt.

TIPPS & TRICKS

- *Bei Zweifach-Antrieben in Kombination mit Shimano-Dreifachhebeln muss der Schalthebel vollständig entspannt werden, wenn der Zug straff gezogen wird. So werden die erste und zweite Stufe im Hebel dem kleinen und großen Blatt zugeordnet. Die letzte Stufe wird durch den Endanschlag blockiert.*
- *Um das Herabfallen der Kette nach innen zuverlässig auszuschließen, kann eine Kunststoffführung an das Sitzrohr geschraubt werden.*

PERLEN FÄDELN

Keine Lust auf die schwarzen oder grauen Kunststoff-Kabel? Die Perlen von Nokon sind ein populäres Tuning-Extra – und die Montage ist einfacher als viele denken.

Campagnolo-Fahrer, die einen kleinen Rahmen besitzen, kennen ein Problem, das Shimano-Radlern fremd ist: Unter dem Vorbau bilden die kurzen und steifen Schaltzüge zusammen mit den Bremszügen ein Knäuel, das dazu führt, dass sich der Lenker nicht wirklich frei drehen lässt. Freihändig fahren ist oft völlig ausgeschlossen. Der Grund dafür ist, dass Drähte die Außenhülle der Schaltzüge verstärken, damit sie sich nicht der Länge nach stauchen lässt – ein Muss für exakte Schaltbefehle. Die Drähte versteifen den Zug jedoch nicht nur in Längsrichtung, sondern auch quer dazu. Deshalb kann man den Zug nicht in engen Radien verlegen, ohne dass er abknickt.

Nokon-Züge dagegen besitzen eine Außenhülle aus Hülsen und durchbohrten Kugeln, die in Längsrichtung absolut steif und dennoch sehr beweglich ist. Unter diesen Hülsen ummantelt eine Kunststoffhülle den geölten Zug. Hülle und Öl vermindern die Reibung. Die Möglichkeit dieses flexiblen, nicht ganz preisgünstigen Systems, engste Radien zu beschreiben, hilft auch Fahrern von Shimanos Dual-Control-Hebeln, landläufig als STI bezeichnet: Sie können die Schaltzüge direkt an den Lenker legen, wenn sie die etwas üppigen Bögen im Blickfeld direkt vor dem Lenker als störend empfinden.

Vor dem Kauf muss man beachten, dass die Nokon-Züge typgebunden sind: Es gibt Schaltzüge für Campagnolo, für Shimano und für Shimano zur Lenkerverlegung, STI genannt. Die Shimano-Züge zur freien Verlegung sind etwas kürzer, und der Innenzug ist etwas dicker, damit die Züge in gleichmäßigen Bögen ohne Wellen vor dem Lenker verlaufen. Die wesentlichen Montageschritte sind jedoch bei allen drei Zug-Typen gleich – wir zeigen sie am Beispiel der Verlegung direkt am Lenker. Hülsen und Kugeln sind schon ab Werk auf die Kunststoff-Röhrchen aufgefädelt.

TIPPS & TRICKS

■ *Am Lenker verlegte Nokon-Züge können bei Shimano-Zehnfach das Schaltverhalten verschlechtern, weil Position des Schaltauges und Art der Zugverlegung am Rahmen Einfluss darauf haben – leider hilft da nur ausprobieren!*

NOKON-ZÜGE VERLEGEN

1 Schieben Sie die auf das Kunststoff-Röhrchen gefädelten Perlen so weit zum Ende, dass Sie die Endhülse und eventuell noch eine einzelne Perle aufschieben können. Das Röhrchen sollte zwei bis drei Millimeter innerhalb des Endstückes enden. An einem Ende des Zugs sitzen kürzere Hülsen als am anderen; die kürzeren sollten zum Griff zeigen.

2 Entspannen Sie den Schalthebel vollständig, und ziehen Sie den Bremshebel leicht zum Lenker. Schieben Sie den Innenzug in den Schaltmechanismus, und fädeln Sie gleich den Nokon-Zug auf. Ziehen Sie den Innenzug ganz durch das Röhrchen, und achten Sie darauf, dass die Endhülse in den Anschlag am Hebel schlüpft.

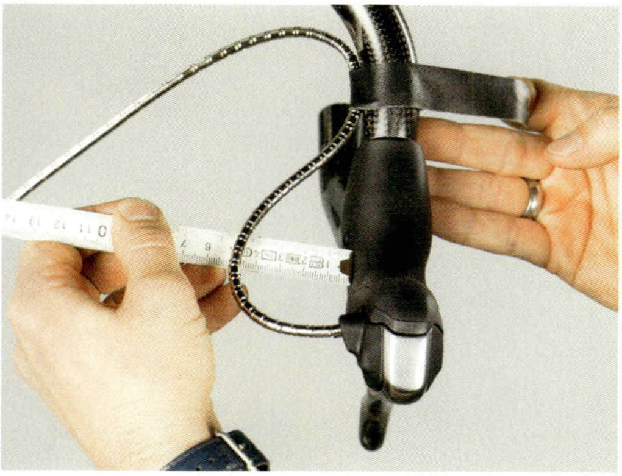

3 Verlegen Sie den Zug in einem Bogen mit fünf Zentimetern Radius, der direkt hinter den Griffgummi zum Lenker führt. Fixieren Sie den Zug, etwas nach unten gerichtet, an drei Stellen mit Isolierband: am Lenker kurz nach dem Griff, im Lenkerbogen und kurz bevor die Außenhülle das spätere Lenkerband wieder verlässt.

4 Winkeln Sie den Lenker bis zum Anschlag am Oberrohr ab. Stecken Sie eine Endhülse in den Zuganschlag am Unterrohr. Führen Sie jetzt die Perlenkette so weit an das Ende der Endhülse heran, dass der Zug keine Kraft auf den Lenker ausübt und die Perlen und Hülsen ohne Zwischenräume aneinander liegen.

NOKON-ZÜGE VERLEGEN

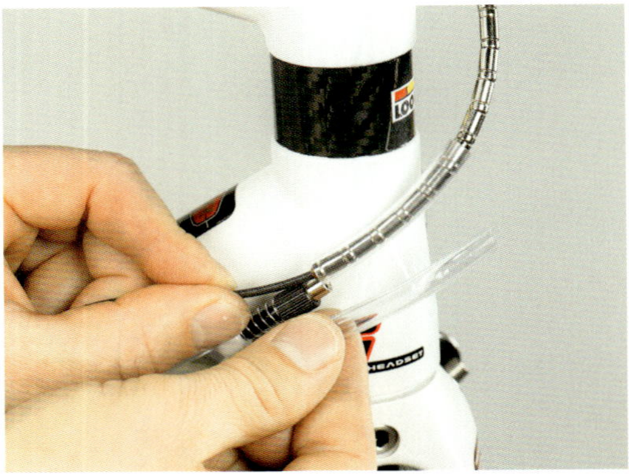

5 Um die korrekte Länge einzustellen, fädeln Sie Hülsen auf oder ziehen Sie welche ab. Schieben Sie zuletzt eine Kugel auf, sie schließt sauber zur Endhülse ab. Führen Sie eine durchsichtige Kunststoffschutzhülle über die Perlenkette, damit diese später den Rahmenlack nicht beschädigen kann.

6 Wer nur bei trockenem Wetter fährt, kann das schwarze Kunststoff-Röhrchen abschneiden, der Innenzug läuft dann frei nach hinten. Besseren Schutz erzielt ein geschlossenes System. Dazu führt man das Kunststoff-Röhrchen durch den Zuganschlag weiter, den man mit einem 2,7-Millimeter-Bohrer im Bohrständer präzise aufbohrt.

7 Der Bogen am Schaltwerk ist ebenfalls weitgehend vorbereitet. Wie oben beschrieben, müssen Sie auch hier Endhülsen aufschieben und die Länge anpassen. Für ein geschlossenes System müssen Sie auch den hinteren Zuganschlag am Rahmen auf 2,7 Millimeter aufbohren, damit das Kunststoff-Röhrchen nach vorne geführt werden kann.

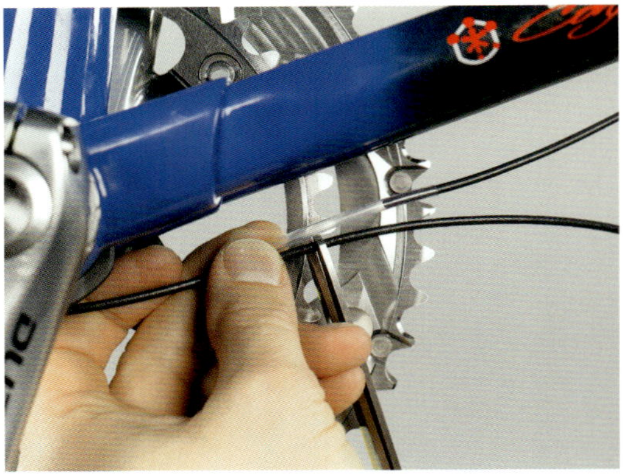

8 Unter der Kettenstrebe und hinter dem Kettenblatt führt man das vordere und das hintere Kunststoff-Röhrchen am elegantesten zusammen. Legen Sie die gestrafften Röhrchen übereinander, kontrollieren Sie nochmal, wie beide Stränge verlaufen. Schneiden Sie beide Röhrchen auf gleicher Höhe ab.

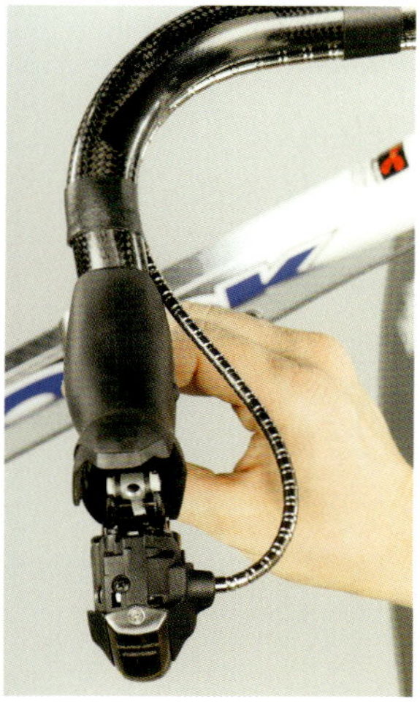

9

Führen Sie nun den Innenzug durch die Röhrchen wieder ganz nach hinten bis zum Schaltwerk, und klemmen sie ihn fest. Das Schaltwerk muss nun funktionstüchtig sein, die Außenhülle sauber verlegt und frei von Spannungen. Ziehen Sie den Bremshebel vollständig zum Lenker, und überprüfen Sie, ob der Schaltzugbogen groß genug ist, damit die Bremse nicht behindert wird und der Schaltzug keine Spannung bekommt.

10

Passt alles, lösen Sie die Zugklemmschraube am Schaltwerk, und ziehen den Zug bei völlig entspanntem Schalthebel ganz heraus. Schneiden Sie eines der am Tretlager zusammenlaufenden Röhrchen einen Zentimeter kürzer, und verbinden Sie die beiden Enden mit dem durchsichtigen Röhrchen. Hier können Sie später das System öffnen und ölen.

11

Schieben Sie schließlich den Zug wieder hinein, und träufeln Sie über die gesamte Länge gleichmäßig dünnflüssiges Öl (kein Fett) darauf. Wischen Sie überschüssiges Öl sofort von Griff und Bremshebel, damit es nicht auf die Bremsflanken oder die Beläge gelangt.

12

Den Umwerferzug verlegt man fast genauso. Allerdings wird hier das Kunststoffröhrchen komplett bis zum Umwerfer durchgeführt, die Service-Öffnung entfällt. Kürzen Sie das Röhrchen etwa zwei bis drei Zentimeter vor der Klemmung, und setzen Sie die Teleskopdichtung auf; sie lässt sich später zum Schmieren wieder abziehen.

ELEKTRIZITÄTS-WERK

Mavics elektronisch gesteuerte Schaltung Mektronic ist für Zeitfahrer und Triathleten eine smarte High-Tech-Alternative.

Genau muss es freilich heißen: Sie wäre es, wenn es sie noch gäbe – aber der Hersteller hat die Produktion der elektronischen Schaltung leider eingestellt. Erhalten bleibt dieses Kapitel dennoch, aus zwei Gründen: Zum einen sollen die Besitzer einer der raren Mektronics weiterhin Anleitung finden. Und zum anderen stehen die Nachfolger längst bereit. Sowohl Campagnolo als auch Shimano testen elektronische Schaltungen derzeit im Rennsport, und die Chancen stehen nicht schlecht, dass die Komponenten in naher Zukunft in den Handel gelangen. Dann sind mit dieser Anleitung schon einmal ein paar grundsätzliche Aspekte zum Thema genannt.

Das geniale Funktionsprinzip der 1993 erstmals als ZAP vorgestellten und 1999 überarbeiteten Mavic-Schaltung geht so: Die Kraft, die benötigt wird, um das Schaltwerk zu bewegen, wird via Leitrolle aus der Kette abgezweigt – also vom Fahrer aufgebracht. Strom verbrauchen so nur zwei kleine Magnetschalter im Schaltwerk, die sich beim Schalten mit einem vom Leitrad angetriebenen Pleuel verzahnen. Diese Technik sorgt dafür, dass die elektronisch-mechanische Schaltung mit verhältnismäßig wenig Strom auskommt. Eine Drei-Volt-Knopfzelle genügt, um das Schaltwerk mit Strom zu versorgen.

Die wesentliche Stärke des Systems liegt darin, mühelos und schnell von verschiedenen Positionen am Lenker aus schalten zu können. Damit ist der Fahrer in jeder Fahrsituation schaltbereit: am Ober-, am Unterlenker und in Bremsgriffhaltung. Mit einem zusätzlichen Triathlon-Kit sind auch weitere Schaltpositionen realisierbar. Weiterer Vorteil: Der reibungsanfällige Bowdenzug entfällt, womit die Störursache Nummer eins für Schaltvorgänge eliminiert ist. Bei der Mektronic gibt die Mechanik im Schaltwerkskörper die Rastschritte präzise vor.

Die Erstmontage der Schaltung ist einfach und erlaubt erste Einblicke in die Finessen des Systems. Eine elektrische Kabelverbindung besteht lediglich zwischen dem rechten Bremsschaltgriff und dem zentralen Computer, der Fahrradcomputer, Ganganzeige, Schalt- und Funkzentrale in einem ist. Die Kommunikation mit dem Geschwindigkeitssensor an der Gabel erfolgt drahtlos.

Zum Initialisieren des Systems empfiehlt es sich, einen Raum aufzusuchen, in dem sich keine starken elektromagnetischen Felder befinden. Die könnten nämlich stören, wenn Schaltwerk, Computer und Geschwindigkeitssensor beim Setup zum ersten Mal miteinander „telefonieren".

In der Tat muss man sich die digitale Kommunikation zwischen den Teilen des Systems wie ein Gespräch per Handy vorstellen. Schalter und Schaltwerke bekommen beim Setup Nummern zugewiesen, mit denen sie sich später gegenseitig identifizieren. Wer die Mektronic bei den Hörnern packt, sitzt nicht nur aerodynamisch günstig und bremsbereit auf dem Rad, er bekommt ein völlig neues, joystick-artiges Schaltgefühl vermittelt: Das Horn des rechten Schaltgiffs mündet in eine perfekt bedienbare Schaltwippe. Erfahrbarer Vorteil der Mektronik: Die Schaltfrequenz gegenüber herkömmlichen Schaltungen nimmt zu. Man schaltet öfter, weil die Gänge so mühelos, akkurat und schnell wechseln, und fährt mit gleichmäßigerer Trittfrequenz.

Die Griffe sind kompatibel mit Shimano- und Campa-Bremsen (Entspannfunktion im Griff). Da die Mektronic-Hebel aber nicht das Übersetzungsverhältnis der Shimano-Griffe erreichen, ist mehr Handkraft für eine Vollbremsuung nötig. Dennoch haben Mavics Griffe Vorteile: Bei entsprechender Handkraft bieten sie mehr Reserven, denn der Hebel schlägt nicht am Lenker an. Ergonomisch sind die Griffe top.

MEKTRONIC

1

Bei Mavic-Bremshebeln liegt der Eingang für den Bremszug hinter der chromfarbenen Abdeckkappe verborgen. Ziehen Sie den Bremshebel und schieben Sie den Deckel nach oben weg. Nehmen Sie den Deckel ab, der Eingang liegt frei.

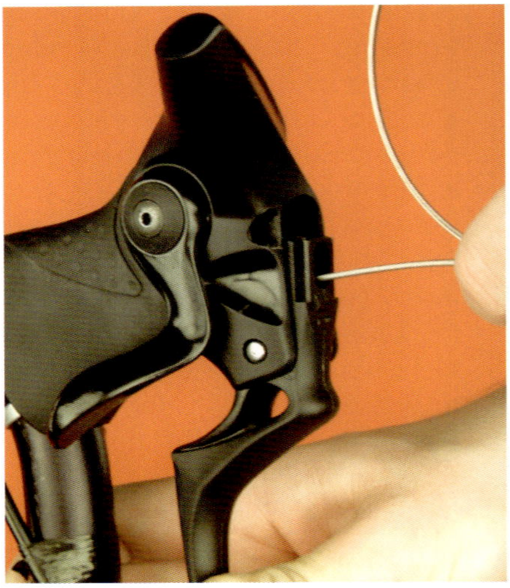

2

Die restliche Zugverlegung verläuft wie bei den anderen Komponenten-Herstellern. Fetten Sie auch hier den Zug und achten Sie darauf, dass die Außenhüllen rechtwinklig abgelängt werden.

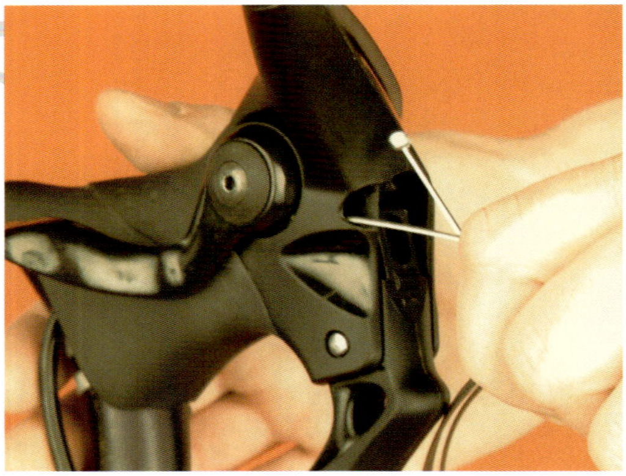

3

Der Zug für den Umwerfer wird auf der Innenseite des Hebels neben der Bremszugöffnung eingeführt. Achten Sie darauf, dass Sie den Schalthebel vorher in die vollständig entspannte Position bringen.

4

Befestigen Sie den Funksender an der Gabel und den Magnet im Laufrad. Je weiter oben Sie den Sender positionieren, umso stärker trifft sein Signal auf den Empfänger am Lenker. Die Grenze ist die Montierbarkeit an der Gabel und die Höhe des Felgenrings. Bei ungünstigen Gabelformen sollten Sie ein Stück Gummi unter dem Sender anbringen. Dies sorgt dafür, dass dieser sich später im Betrieb nicht verdreht.

MEKTRONIC

5 Befestigen Sie den Halter des Bordcomputers am Lenker oder am Vorbau. Auch hier ist es von Vorteil, wenn Gummi beigelegt wird.

6 Befestigen Sie den Tipptasten-Schalter mit Klebeband und verlegen Sie das Leitungskabel so, dass es nicht stört und später im Gebrauch nicht beschädigt wird. Nachdem alle Signalgeber am Rad montiert sind, muss das System initialisiert werden. Dabei synchronisieren sich die verschiedenen Sender und Empfänger. Drücken Sie dazu gleichzeitig auf die beiden Bedientasten des Computers und eine der darunter liegenden gelben Tasten. Der Bildschirm leuchtet vier Sekunden lang auf. Lassen Sie danach die Tasten wieder los.

7 Drücken Sie danach nochmals die gelbe Taste. Nach wenigen Sekunden Wartezeit ist das System funktionsbereit.

Die präzise Synchronisation der Schaltschritte auf den Zahnkranz wird über die Rändelmutter auf der Oberseite des Schaltwerks realisiert. Drehen Sie die Mutter so weit hin und her, bis alle Gänge geschmeidig geschaltet werden.

TIPPS & TRICKS

- *Die Initialisierung muss an einem Ort erfolgen, der frei ist von Strahlung, wie sie z.B. von Fernsehmonitoren, PC-Bildschirmen und Elektromotoren ausgeht.*

GLANZ UND GLORIA

Gleich geht's los: Nach Lenkerband, Sattel, Flaschenhalter und Pedalen folgt das Finish – Lenkkopflager sowie die Sitzposition einstellen. Danach kann der neue Renner eigentlich auf die Straße. Aber nehmen Sie sich Zeit fürs Finale – die Liebe zum Detail zahlt sich aus.

Es geht nicht ohne: Dieser Grundsatz gilt bei der aufs Wesentliche reduzierten Fahrmaschine Rennrad zwar für fast alle Teile – aber das Lenkerband scheint vielen Radlern doch ein nebensächlicher Aspekt zu sein. Obwohl es wichtige Funktionen übernimmt, hängt es an vielen Rädern lieblos herum wie eine vergessene Faschingsgirlande.

Man sollte aber beim Kauf auf Qualität achten. Griffigkeit bei Regen oder verschwitzten Händen ist ein wichtiges Kriterium. Ein anderes ist die gleichmäßige Polsterung des Lenkers durch das Lenkerband. Sie soll die permanenten kleinen Stöße und Vibrationen filtern, denen die Hände während der Fahrt ausgeliefert sind.

Beim Material gibt es eigentlich nur drei Alternativen in den Radläden: Bänder aus Geweben wie Baumwolle, Kunststoff – Pelton genannt – und Kork. Bis vor 20 Jahren verwendete man ausschließlich Baumwollbänder. Sie sind auch heute noch preisgünstig zu bekommen, haben aber den Nachteil, dass sie schnell speckig werden und keine Polsterung bieten. Daher empfehlen sich Gewebebänder vor allem als griffiger Untergrund unter dem eigentlichen Lenkerband. Leicht zu reinigen und ein wenig gepolstert ist das Pelton-Band. Allerdings ist der Kunststoff bei Nässe etwas rutschig und daher selbst bei einem Preis von unter fünf Euro für sportlichen Einsatz keine Empfehlung mehr.

Die vergleichsweise besten Eigenschaften besitzen die so genannten Korkbänder, die in den vergangenen Jahren den Rennradlenker erobert haben. Der Begriff „Korkband" ist allerdings etwas irreführend, da nur noch einige dieser Bänder einen geringen Anteil von ungefähr zehn Prozent des Naturproduktes enthalten. Sie bestehen hauptsächlich aus geschäumtem Kunststoff, der durch mikroskopisch kleine Bläschen stoßdämpfende Eigenschaften und eine angenehm raue Oberfläche besitzt.

Bei allen gängigen Bändern, die in der TOUR-Werkstatt bereits zum Einsatz kamen, reichte die Länge (mindestens 1,70 Meter) aus für eine Lenkerwicklung. Ein längeres Band hat aber den Vorteil, dass man nicht so punktgenau wickeln muss. Unzulänglichkeiten der Lenkerbänder stecken meistens im Detail: Gelegentlich sind die Abschlussbänder wenig geeignet, um die Lenkerbänder am Ende zu befestigen: Manche sind zu kurz, andere werfen Falten oder sind zu breit. Meistens ist ein gut klebendes Isolierband aus dem Baumarkt die bessere Alternative.

Nicht zuletzt spielt die Optik eine Rolle bei der Wahl des Lenkerbandes, es kann das i-Tüpfelchen beim Raddesign ausmachen. Die Farbwahl ist zwar Geschmackssache, doch sollte man bedenken, dass schnell Schmutz in die Poren des Materials dringt. Wie farbecht ein Band ist, erkennt man an der Schnittkante: Nur wenn es komplett durchgefärbt ist, behält das Band seine Farbe.

Ein Lenkerband zu wickeln, erfordert Übung. Verzweifeln Sie deshalb nicht, wenn Sie das Band wieder ein paar Zentimeter abwickeln müssen. Selbst Profis wickeln das Band gelegentlich zwei- bis dreimal ab, bis es perfekt sitzt. Und das sollte es, ansonsten wirft es Falten oder verrutscht beim Fahren. Vermeiden Sie auf alle Fälle den häufig gemachten Fehler, das Band von oben aus der Lenkermitte heraus zu wickeln. Dies sieht zwar auf den ersten Blick schöner aus, aber das Band verrutscht im hoch belasteten Bereich des oberen Lenkerbogens deutlich schneller als bei der gezeigten Methode.

Den sicheren Tip für den optimalen Sattel gibt's leider nicht; angesichts der anatomischen Unterschiede von Po zu Po und der Angebots-Vielfalt von Sätteln hilft nur eines: Ausprobieren. Rennradsättel sollten nicht üppig gepolstert, sondern eher straff sein. Die meisten Männer kommen mit Sätteln am besten zurecht, die der Form von Selle San Marcos bewährtem „Rolls" oder der des Leichtgewichts „Flite" von Selle Italia gleichen. Frauen haben erfahrungsgemäß weniger Probleme mit Sätteln, die im hinteren Bereich breiter sind. Auch hier aber bleibt letztlich nur der Selbstversuch.

Trotz aller Vorfreude auf die erste Ausfahrt sollten Sie noch eine halbe Stunde in Lack-Schutz und Korrosionsvorsorge investieren. Stellen, an denen Züge reiben oder mit denen die Kette kollidieren kann, bekommen sonst blitzschnell Macken. Bei Faserverbund- und kunststoffbeschichteten Rahmen sind das oft nur optische Mängel, bei Metallrahmen kann es mit der Zeit zu Korrosion kommen. Zur Vorbeugung empfiehlt es sich, die gefährdeten Stellen mit spezieller Klarsichtfolie aus dem Radfachhandel abzukleben. Der Schutz des Rades mit Wachs zahlt sich natürlich bei Regenfahrten aus, aber beispielsweise auch bei Radlern, die stark schwitzen. Haben Stahlteile erst einmal angefangen zu rosten und sind die Aluminiumteile angelaufen, ist die Wiederherstellung des ursprünglichen Glanzes mit hohem Aufwand verbunden.

LENKERBAND

1 Moderne Lenker besitzen Führungsrillen, in denen die Bowdenzüge liegen. Drücken Sie die Züge in diese Rille, sodass sie spannungsfrei liegen, auch wenn der Lenker eingeschlagen wird. Fixieren Sie die Zughüllen auf jeder Lenkerseite an drei Stellen mit dünnem Klebeband. Klappen Sie die Bremsgriffgummis nach vorne um und entfetten Sie den Lenker. Kleben Sie zwei Bahnen grobes Gewebeband auf den Oberlenker. Dies verhindert, dass das Lenkerband schnell verrutscht.

2 Entfernen Sie vorsichtig die Schutzfolie vom Klebestreifen auf der Rückseite des Lenkerbandes. Setzen Sie das Lenkerband unten am Lenkerende leicht schräg an und lassen Sie etwa eine halbe Bandbreite nach außen überstehen. Halten Sie den Anfang fest und wickeln Sie das Band eine Umdrehung um den Lenker. Stellen Sie sicher, dass das Band auf dem gesamten Umfang mindestens drei bis vier Millimeter über das Lenkerende hinaussteht.

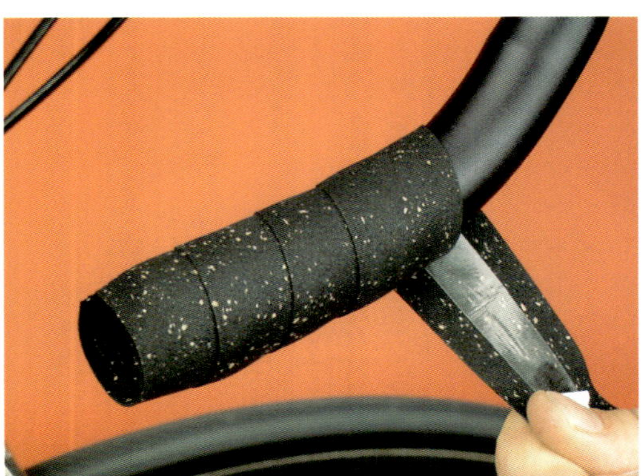

3 Halten Sie das Band stets straff und wickeln Sie es um den Unterlenker Richtung Bremsgriff. Legen Sie die einzelnen Wickelungen so übereinander, dass sich das Band ungefähr zu einem Viertel bis einem Drittel überlappt. Die Grenze ist üblicherweise der Klebestreifen.

4 In den Lenkerbögen orientieren Sie sich an der Außenkurve. Hier muss das Band gerade noch überlappen. An der Unterkante des Bremsgriffs sollte das Band den Griff etwas überdecken. Bei Campa-Griffen ist dort ein Spalt vorhanden, durch den das Band geführt werden kann.

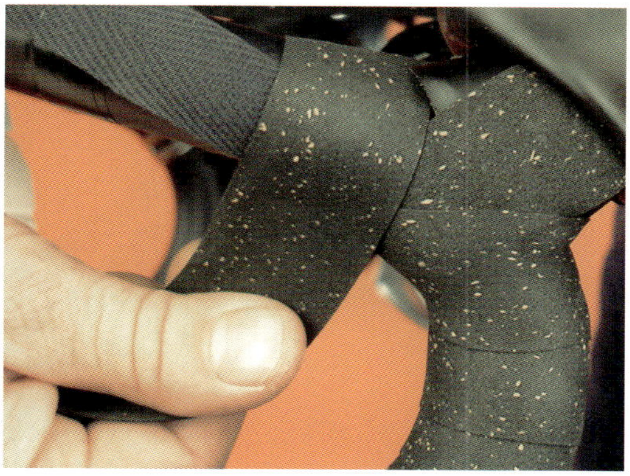

5 Wickeln Sie über die Befestigungsschelle hinweg nach oben und schauen Sie, wo Sie das zusätzlich mitgelieferte kurze Stück Band positionieren müssen, damit keine freien Lenkerbereiche verbleiben. Lösen Sie dann das Band wieder bis unter den Bremsgriff und kleben Sie das Bandstück an diese Stelle: Stecken Sie die Enden des noch zu langen Stücks unter die umgeklappten Bremsgriffgummis.

6 Halten Sie das Lenkerband immer straff und wickeln Sie es gleichmäßig um den Oberlenker bis zum Beginn der verdickten Lenkermanschette. Halten Sie das Band weiter in Wickelrichtung und schneiden Sie das überschüssige Band auf Höhe der Verdickung mit einer Schere schräg ab, sodass das verbleibende Ende keilförmig ausläuft. Kürzen Sie das Band auf keinen Fall mit einem Messer auf dem Lenker!

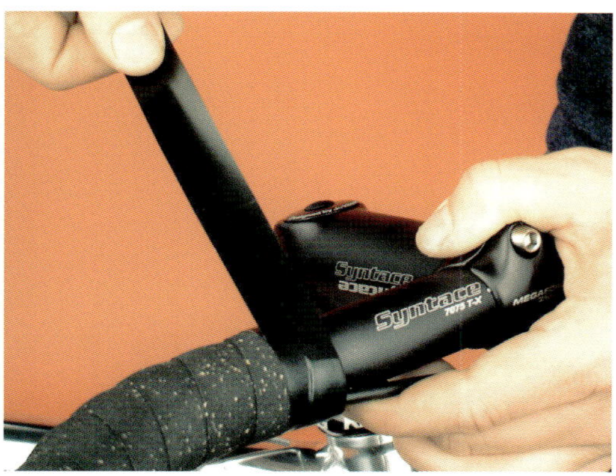

7 Legen Sie das keilförmige Bandende so um den Lenker, dass sich ein gerader Abschluss bildet, der senkrecht zum Oberlenker verläuft. Kleben Sie das Band dann mit dem mitgelieferten Abschlussband oder mit Isolierband fest.

8 Schieben Sie das überstehende Ende des Bandes in das Lenkerinnere und drücken Sie den Endstopfen in das Rohr. Der Stopfen wird durch das nach innen geklappte Band gehalten. Sollte der Stopfen wegen zu geringem Bandüberstand nicht halten, wickeln Sie zwei bis drei Lagen grobes Gewebeband um den Stopfen.

SATTEL & SITZPOSITION

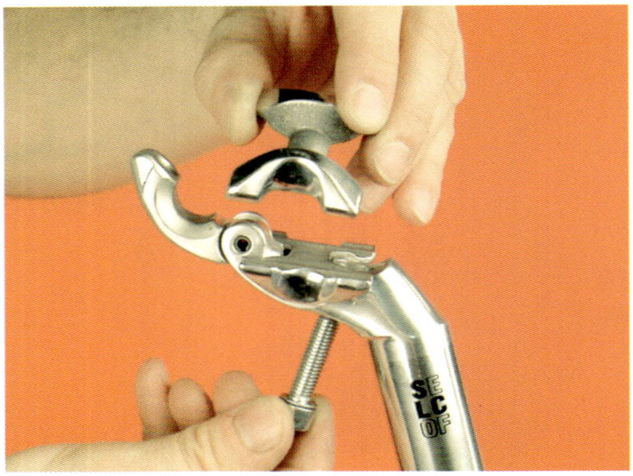

1 Öffnen Sie den Klemmmechanismus der Sattelstütze und schieben Sie das Gestell des Sattels auf die Schienen. In den meisten Fällen müssen die Schrauben am Stützenkopf nicht ganz herausgedreht werden, wenn der Sattel etwas schräg hineingeschoben oder wenn die obere Befestigungsplatte um 90 Grad gedreht wird. Drehen Sie die Platte um genau diese 90 Grad wieder zurück, damit sie hinterher nicht verkehrt herum sitzt.

2 Besteht die Notwendigkeit, den Stützenkopf zu zerlegen, müssen Sie auf die genaue Lage der Teile achten, die oft asymmetrisch aufgebaut sind. Das kann dazu führen, dass bei seitenverkehrter Montage nur noch wenige Gewindegänge tragen, oder dass die Schrauben quer belastet werden. In beiden Fällen droht auf Dauer das Versagen der Stütze und damit ein Sturz. Fetten Sie die Schraube.

3 Stellen Sie das Fahrrad auf den Boden und richten Sie den Sattel waagerecht aus. Ziehen Sie die zentrale Schraube mit dem entsprechenden Drehmoment gemäß der Herstelleranleitung fest.

4 Prüfen Sie abschließend den Sitz des Gestells und belasten Sie den Sattel abwechselnd vorne und hinten. Der Sattel darf dabei in der Befestigung nicht kippen und keine Knarzgeräusche verursachen.

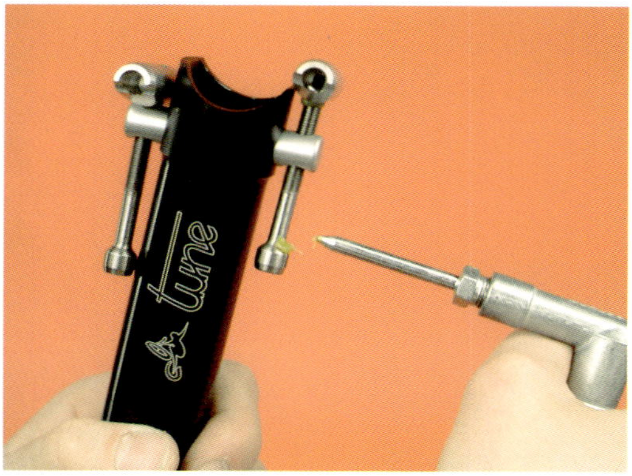

5 Bei Stützen mit zwei Schrauben werden diese erst von Hand oder mit einem Kugelkopf-Innensechskant gleichmäßig angedreht, bis der Sattel waagerecht steht. Fetten Sie zuvor die Schraubenköpfe.

6 Danach werden die vordere und die hintere Schraube abwechselnd angezogen, bis der Sattel waagerecht steht und mit dem nötigen Drehmoment befestigt ist.

7 Bei Rahmen, deren Sitzrohr über das Oberrohr hinausragt, muss die Stütze weiter eingesteckt werden als bis zur Markierung: Das Ende der Stütze muss in solchen Fällen unterhalb des Rohrknotens liegen. Kontrollieren Sie die ausreichende Stützenlänge, indem Sie die Stütze in der gewünschten Position neben das Sitzrohr halten. Um Gewicht zu sparen, können Sie die eventuelle Überlänge der Sattelstütze absägen.

8 Kontrollieren Sie die Sattelhöhe mit dem Maßband und klemmen Sie die Stütze im Rahmen nur leicht. Peilen Sie von oben über die Sattelnase zum Tretlager, richten Sie den Sattel aus und drehen Sie die Schraube mit dem nötigen Drehmoment an. Wenn kein Drehmomentschlüssel zur Verfügung steht, erhöhen Sie die Anzugskraft schrittweise und prüfen, ob sich der Sattel noch verdrehen lässt.
Bei flachen Sätteln lohnt ein Blick von hinten. Hat die Satteldecke nicht mindestens einen guten Zentimeter Luft, ist der Federkomfort eingeschränkt.

FLASCHENHALTER

1 Befestigen Sie zum Abschluss der Montagearbeiten den Flaschenhalter mit reichlich Fett. Dies vermeidet Korrosion und Knackgeräusche.

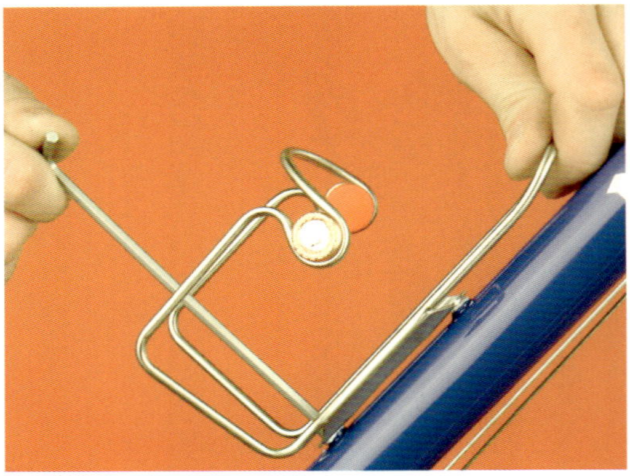

2 Setzen Sie die Schrauben zunächst von Hand ein und drehen Sie sie mit einem Innensechskant fest.

PEDALE

1 Fetten Sie zur Montage der Pedale das Kurbelgewinde und das Gewinde der Pedalachse. Verwenden Sie bei Pedalen mit Titanachse zur Schmierung Kupferpaste.

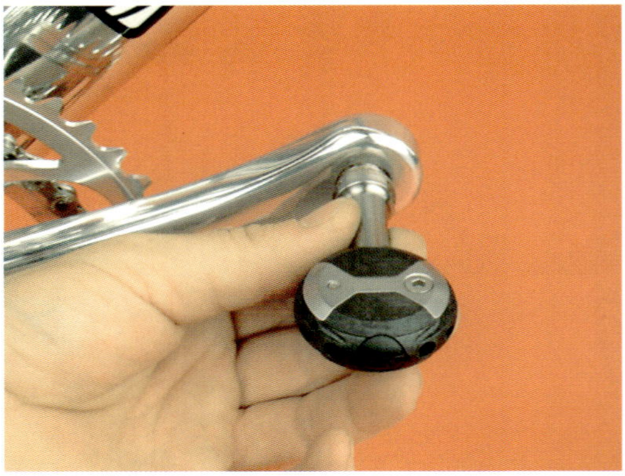

2 Setzen Sie die Pedale von Hand ans Gewinde an. Beachten Sie, dass die rechte Seite mit einem Rechtsgewinde, die linke mit einem Linksgewinde versehen ist: Das linke Pedal wird gegen den Uhrzeigersinn festgedreht!

PEDALE

3 Ziehen Sie die Pedale mit einem 15-mm-Gabelschlüssel fest. Achtung: Viele Pedalmodelle verfügen über eine schmale Schlüsselfläche, für die Sie einen speziellen Pedalschlüssel benötigen. Zur leichteren Montage ist ein solcher Schlüssel ohnehin empfehlenswert. Tipp: Ziehen Sie die Verschraubung nicht zu fest an – kontrollieren Sie die Verbindung besser öfter einmal.

4 Pedale mit Stahlachsen können mit normalem Montagefett behandelt werden. Achten Sie darauf, auch die Achsfläche zu fetten, die an der Kurbelwange anliegt.

5 Zur schnelleren Montage können Sie beim Ansetzen des Pedals mit einem Innensechskant von der Innenseite her die Pedalachse eindrehen. Bei der Verwendung eines Innensechskantes können Sie außerdem die Drehmoment-Vorgaben des Herstellers mittels Drehmomentschlüssel einhalten.

TIPPS & TRICKS

- *Beilagscheiben zwischen Pedalachse und Kurbel sind nur notwendig, wenn das Pedalgewinde nicht in einer kreisrunden Stirn- bzw. Anlauffläche mündet. Insbesondere sehr preiswerte Pedale haben oft einen eckigen und scharfkantigen Übergang von der Schlüsselfläche zum Gewinde, hier ist eine Beilagscheibe dagegen Pflicht.*
- *Systempedal-Neulinge sollten die Auslösekräfte des Rastmechanismus anfangs sehr leicht einstellen und an eine Wand gestützt im Stillstand des Rades üben, bevor sie sich in den Straßenverkehr wagen.*

DER WICHTIGE REST

1 Stellen Sie das Rad auf den Boden und ziehen Sie die vordere Bremse. Legen Sie die Finger der anderen Hand um das obere Lenkkopflager. Schieben Sie das Fahrrad vor und zurück. Bemerken Sie Spiel im Lager, erkennbar daran, dass sich die Schalen gegeneinander verschieben, muss nachgestellt werden. Lösen Sie die Befestigungsschrauben seitlich am Vorbau ein bis zwei Umdrehungen.

2 Drehen Sie die obere Schraube etwas hinein. Achtung: Es handelt sich um die Einstellung der Lagerluft und nicht um das Anziehen eines Bauteils! Drehen Sie deshalb mit der kurzen Seite des Innensechskants und mit wenig Kraft.
Sollte die Lagerluft nicht weniger werden, müssen Sie kontrollieren, ob der Vorbau lose ist, ob die Klemmung innen im Gabelschaft zu weit oben sitzt oder ob die Gabel noch etwas zu lang ist.

3 Richten Sie den Lenker aus, indem Sie über den Vorbau zum Vorderrad peilen. Steht der Vorbau mittig und dadurch der Lenker exakt quer zur Fahrtrichtung, ziehen Sie die Schrauben am Vorbau mit einem Drehmomentschlüssel gemäß der Herstellerangabe fest.

4 Richten Sie den Lenker so aus, dass die Lenkerenden etwa parallel zum Boden ausgerichtet sind oder leicht nach unten zeigen. Die Bremsgriffe weisen dann leicht nach oben. Drehen Sie die Schrauben abwechselnd oben und unten an, sodass der Spalt an der Platte gleichmäßig groß wird. Ziehen Sie die Schrauben mit dem Drehmomentschlüssel an.

5 Nehmen Sie zum Abschluss das Vorderrad zwischen die Knie und packen Sie den Lenker an den Bremsgriffen. Versuchen Sie den Lenker gegenüber dem Vorderrad zu verdrehen und drücken Sie den Lenker nach unten. Bewegen sich die Teile zueinander, müssen die Schraubverbindungen nochmals kontrolliert werden.

6 Reinigen Sie Bereiche, an denen Züge reiben, z.B. im Bereich des Lenkkopfes, mit Spiritus. Kleben Sie Klarsichtfolie auf die fettfreien Stellen. Dies schützt die empfindliche Oberfläche vor hässlichen Scheuerspuren. Vergessen Sie auch die Oberseite der Kettenstrebe nicht.

7 Wachsen Sie zum Schluss sämtliche metallischen Flächen ein. Das erzeugt nicht nur schönen Glanz, sondern schützt auch vor Korrosion. Im Bereich der Naben kriecht Sprühwachs in die Ritzen, Spaltkorrosion bleibt außen vor. Achtung: Kein Wachs, Öl oder Fett auf Bremsbeläge und Felgenflanken!

TIPPS & TRICKS

■ *Wenn Züge während der Fahrt an die Rohre schlagen, bewahren kleine Gummiringe, die auf die Züge geschoben werden, den Rahmen vor Schäden und den Fahrer vor lästigem Geklingel.*

DAS INDIVIDUELLE WINTERRAD

1 Mit ein paar cleveren An- und Umbauten wird Ihr Renner – oder ein spezielles Winterrad – fit für schlechtes Wetter. Wichtigstes Utensil: Schutzbleche. Die Bleche Ihrer Wahl sollten sich bestmöglich an Gabel und Hinterbau anpassen. Schrauben Sie die Bremse ab, legen Sie das gewinkelte Halteblech unter den Bremsbolzen auf der Gabelvorderseite.

2 Schieben Sie einen hinteren (langen) Schützer durch. Biegen Sie die Laschen zuerst nur so weit zu, dass Sie das Laufrad montieren und das Blech noch verschieben können. Der Schützer sollte hinten etwa zehn Zentimeter über dem Boden enden, nach vorne mindestens 15 Zentimeter über die Laufradmitte hinausragen. Drücken Sie dann die Laschen zu.

3 Schrauben Sie die Streben des vorderen Schützers nur mit so genannten Schutzblech-Sicherungen an, die den Schützer in kritischen Situationen freigeben. Erst wenn alles sitzt und festgeschraubt ist, zwicken Sie die am Schutzblech überstehenden Strebenenden ab. Verwenden Sie bei Rahmen ohne Gewindeösen Klemmschellen wie in Bild 11 beschrieben.

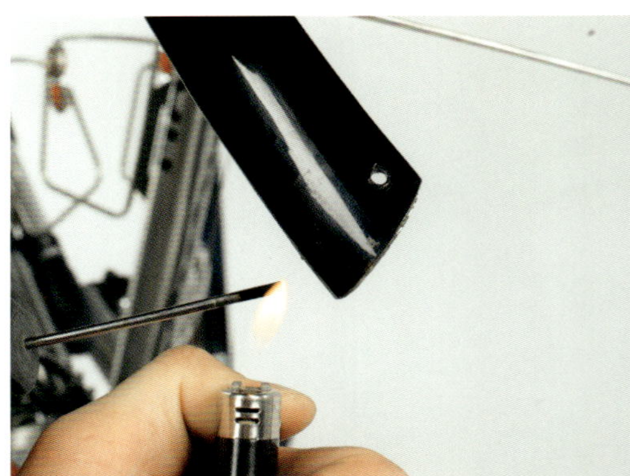

4 Um Spritzlappen zu ergänzen, müssen Sie am Ende des Schützers Löcher anbringen. Schmelzen Sie die mit der erhitzten Klinge eines Schraubendrehers hinein; bei dieser Methode wird der Lochrand gleich verstärkt, es entstehen keine scharfen Grate. Für Kabelbinder kann man ein genau ausgerichtetes Loch in der richtigen Größe erzeugen.

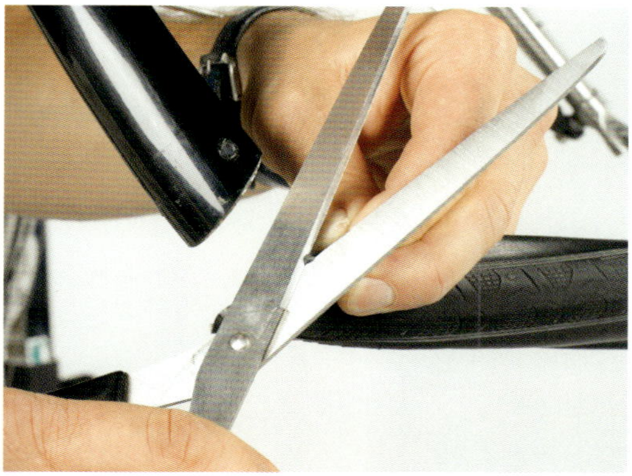

5 Schneiden Sie von einem abgefahrenen Reifen ein rund zehn Zentimeter langes Stück ab. Markieren Sie die gewünschten Löcher im Reifen. Falten Sie den Reifen genau an der markierten Stelle über Kreuz und schneiden Sie mit der Schere die Ecken ab – fertig sind die Befestigungslöcher.

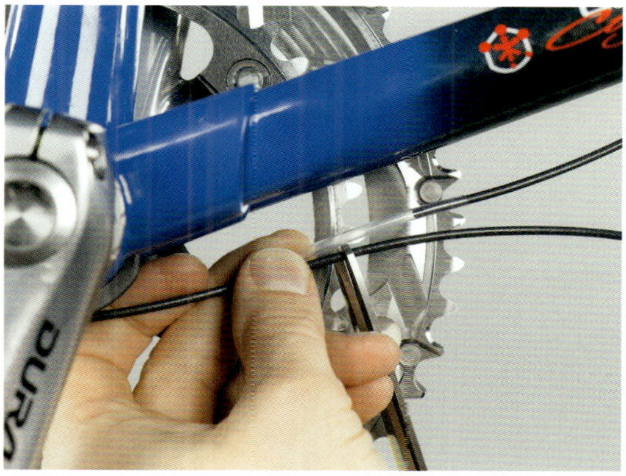

6 Befestigen Sie den Spritzlappen entweder mit Kabelbindern oder einem Stück ummantelten Kupferdrahts. Letzterer lässt sich ohne Werkzeug schnell und mehrfach auf und zu zwirbeln.

7 Der Spritzschutz sollte erst etwa drei Zentimeter über der Fahrbahn enden, um die Füße bestmöglich zu schützen. Anstelle des Lappens das Schutzblech weit nach unten zu ziehen, ist nicht empfehlenswert – der Schützer könnte beim Überfahren von Bordsteinen aufsetzen und beschädigt werden.

8 Moderne Rahmen lassen wenig Platz zum Reifen, da passt kein kompletter Schützer durch. Der hintere Schützer muss dann auf Höhe des Bremsstegs, der vordere hinter dem Gabelkopf abgetrennt werden. Halten Sie die Schützer parallel zum Reifen, und zeichnen Sie die Schnittkanten so an, dass der Schützer sauber abschließt. Mit einer scharfen Eisensäge lässt sich das Material gut bearbeiten.

DAS INDIVIDUELLE WINTERRAD

9 Nirostablech für eine Brücke über den Bremssteg gibt's beim Radhändler, der damit Gepäckträger befestigt. Biegen Sie es im Schraubstock so, dass es um den Steg herumreicht und parallel zum Reifen verläuft. Je nach Ausführung müssen Sie oben ein Loch bohren, damit der hintere Ausleger angeschraubt werden kann und ein zweites vorne auf Höhe der Hülsenmutter, welche die Bremse befestigt.

10 Schrauben Sie vorne und hinten an der montierten Brücke die abgetrennten Stücke des Schützers an. Verwenden Sie Nirosta-Schrauben und Sicherungsmuttern (mit Kunststoffeinlage). Großflächige Beilegscheiben schonen das Material. Mit einem nach unten offenen Langloch für den Bremsbolzen kann man nach dem Öffnen der Hülsenmutter die Brücke schnell und einfach nach oben abziehen.

11 Wichtig: Die Hülsenmutter muss noch auf genügend Gewindegänge des Bremsbolzens greifen, damit die Bremse sicher sitzt. Nehmen Sie eventuell eine Beilegscheibe vom Bremsbolzen ab. Weist Ihr Rennrad keine Gewindeösen auf, brauchen Sie Adapter für die Schutzblechstreben. Beim Radhändler gibt's kunststoffummantelte Stahlblechschellen, wie sie vielen Gepäckträgern beiliegen.

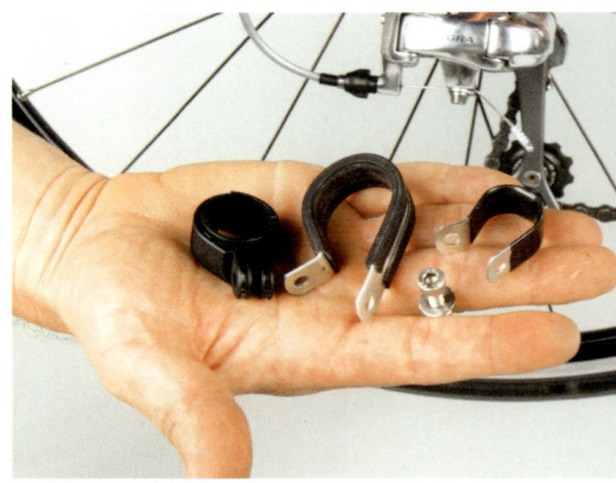

12 Plastikschellen von Radcomputern oder für Druckluftleitungen (aus dem Baumarkt) können ebenfalls als Halter dienen. Legen Sie Gummiunterlagen bei, das erhöht die Rutschsicherheit und vermeidet Lackschäden.

13 Ist das hintere Schutzblech montiert, schrauben Sie das Rücklicht so an, dass der Reflektor senkrecht steht. Ein kleiner Spritzlappen schützt das Licht vor direktem Wasserbeschuss. Im Gruppentraining schaffen Sie sich Freunde, wenn Sie einen zweiten langen Lappen nach dem vorderen Vorbild anfertigen.

14 An einige Pedale passen Rückstrahler, die es als Zubehör gibt, beispielsweise für Shimanos SPD-System und die MTB-Pedale von Time. Sie sind sehr effektiv, da beim Treten in Bewegung und nahe über der Fahrbahn im Scheinwerferlicht der Autos.

15 Verkabeln Sie die Beleuchtung sehr sorgfältig und grundsätzlich doppelt, verbinden Sie also Plus- und Minuspol der Lampen direkt mit dem Dynamo. Die frühere Methode, den Rahmen als Stromleiter (Masse) zu verwenden, führt häufig zu Problemen. Achten Sie darauf, dass man nirgends an den Kabeln hängen bleiben kann.

TIPPS & TRICKS

■ *Im Winter sind Nässe, Schmutz und Salz der ärgste Feind des Rades. Waschen Sie Ihr Rad deshalb regelmäßig mit viel Wasser. Behandeln Sie danach Spalte wie etwa an Zuganschlägen, Nabenflanschen, Schaltwerk und Umwerfer mit Sprühwachs. Flächige Partien wie Rahmen und Kurbeln werden mit Hartwachs vor Korrosion geschützt. Dies gilt für alle Oberflächenarten wie Pulver- und Nasslack, Eloxal, Chrom und andere.*

EXKLUSIV & INDIVIDUELL

Ein Rennrad ist ein Rennrad ist ein Rennrad – oder nicht? Drei völlig verschiedene Räder, die dennoch eines gemeinsam haben: Sie sind absolute Traumräder, funktionell und alltagstauglich obendrein. Klassisch schlank, modern leicht, oder aerodynamisch flächig: Hinter jedem der drei Räder steht eine besondere Idee, ein Konzept mit Sinn. Der klassische „Italiener" (der eigentlich aus Deutschland kommt), ist nach wie vor für viele Fans das typische Rennrad schlechthin; der leichtgewichtige Alurenner mit steifem Rahmen verschafft dynamischen Fahrspaß bergauf und bergab, die Zeitfahrmaschine erlaubt den maximalen Geschwindigkeitsrausch – drei Räder zum Genießen!

LOOK
LOOK
MAVIC
MAVIC
MAVIC
DURA-ACE
www.lookcycle.com
COSMIC
Carbone
SSC
MAVIC

SCOTTUSA
Carbon
Lightweight
Lightweight
Lightweight
Lightweight

DAS KLASSISCHE

Schon in den 30er-Jahren wurden die Rohre patentiert, deren Optik die nächsten 60 Jahre Rennradbau prägen sollte. Klar, dass an solch einem Rahmen Schweißnähte ein Stilbruch wären. Der deutsche Rahmenbauer Marschall setzt Muffen und Rohre aus korrosionsbeständigem Edelstahl ein und hebt sich dadurch aus der Masse ab. Nur folgerichtig, dass sich in diesem Rahmen eine Gabel aus Stahl in einem klassischen Steuersatz dreht. Aus Frankreich, dem anderen Mutterland des Radsports, stammen drei Produkte, an denen der Klassik-Fan nicht vorbei kommt: Das Stronglight-Lenkungslager A9, das Velox-Felgenband – und die Look-Pedale.

MARSCHALL

DAS KLASSISCHE

Voll italienisch: Um die Campa-Nabe drehen sich Speichen des Herstellers Alpina, die Vittoria-Bereifung wurde auf FIR-Felgen aufgezogen. Lenker und Vorbau stammen von 3T, die Sattelstütze von Selcof, der Sattel von Selle Italia.

Showroom

Handarbeit: Spiegelnder Glanz muss sein, aber verchromt wurde hier nicht. Der edle Werkstoff wird so lange poliert, bis man sich in den Muffen spiegeln kann.

FEINE TEILE IM DETAIL

Rahmen und Gabel: **Marschall Traditional Framework**; Gruppe: **Campagnolo Centaur**; Lenkungslager: **Stronglight A9**; Vorbau: **3T Synthesis**; Lenker: **3T Morphe**, Lenkerband: **Cinelli Cork Ribbon**; Sattelstütze: **Selcof**; Sattel: **Selle Italia Flite Gel „TOUR"**; Pedale: **Look PP 357**; Felgen: **FIR SC 170**; Speichen: **Alpina 2,0/1,6**; Reifen und Schläuche: **Vittoria Open Corsa CX**; Flaschenhalter: **Elite Ciussi-Inox**

Wunderbar klassisch: Gut ausgewählt, unterstreichen der Stronglight-Steuersatz A9, der Schaftvorbau und die Stahlgabel die traditionelle Linie des Rades und bieten dennoch hochwertige Technik.

Vernunft in der Mitte: Campagnolos Centaur-Komponenten bestechen durch Funktion auf Profiniveau und verzichten auf die an solch einem Rad nicht stilechten Carbon-Details der hochwertigen Record-Gruppe.

DAS MODERNE

State of the art: Dieser Alu-Renner ist auf der Höhe der Zeit und trägt jede Menge angesagter technischer Details. Er basiert auf dem derzeit leichtesten serienmäßigen Alurahmen, auf dem auch normal große und schwere Menschen noch ausreichend sicher (ab-)fahren können. Sogar der Radsport-Weltverband UCI hätte an diesem Rad seine Freude, denn die Lightweight-Laufräder für den schnellen Ritt am sonnigen Sonntag haben den geforderten UCI-Crashtest bestanden, und das Gesamtgewicht des Rades liegt genau bei den erlaubten 6,8 Kilo.

LOOK
Carbon
Lightweight
Lightweight

DAS MODERNE

Die Steuerzentrale des Renners hebt sich in dezentem Schwarz vom chromspiegelnden Rest ab. Looks Carbongabel, die im Vergleich zu vielen anderen CFK-Gabeln komfortabel abgestimmt ist, dreht sich im fein gearbeiteten Lager von Chris King. Lenker und Vorbau stammen aus einer Hand: Die Vorbauten von Syntace, die auch für Carbongabeln geeignet sind, bieten dem 220 Gramm leichten Lenker dauerhaft soliden Halt. Weiteres Gewichtstuning auf Kosten der Haltbarkeit – beispielsweise mit dünneren Schrauben – wäre im sensibelsten Bereich des Fahrrades völlig fehl am Platze!

Niedriges Gewicht kommt durch hauchdünne Rohre zustande, und die sind empfindlich. Scotts deutscher Entwickler schützt sensible Partien mit Verstärkungsblechen, so genannten „Gussetts“. Trotzdem verlangt ein solches Schmuckstück stets nach sorgfältiger Behandlung ...

Liebe zum Detail: Das dreidimensionale Ausfallende ist nicht nur schön, sondern auch sinnvoll. Sitz- und Kettenstrebe können mit unverändertem Durchmesser angeschweißt werden.

Corporate Identity: Selbst die Kette lässt den Betrachter nicht im Unklaren, aus welchem Haus sie und das Komponenten-Ensemble stammen.

FEINE TEILE IM DETAIL

Rahmen: **Scott Scandium**; Gabel: **Look HSC 3**; Gruppe: **Shimano Dura-Ace-Jubiläum**; Lenkungslager: **Chris King Nothreadset**; Spacer: **Syntace**; Vorbau: **Syntace Megaforce 260**; Lenker: **Syntace Racelite 7075 CD**;Lenkerband: **Syntace Cork Tape**; Sattelstütze: **Tune Starkes Stück**; Sattel: **Fizik Aliante**; Pedale: **Speedplay X1**; Felgen: **Ambrosio Excellight**; Speichen: **Alpina 2,0/1,6**; Reifen und Schläuche: **Continental Grand Prix 3000 Reflex**; Flaschenhalter: **Minoura Dura Cage**; 2. Laufradsatz: **Lightweight mit Tune AC14-Schnellspannern und Continental Competition-Schlauchreifen**

DAS AERODYNAMISCHE

Mehr Carbon geht kaum: Die Faszination für die schnelle Faser transportiert das Zeitfahrrad von Look in unnachahmlicher Weise. Schnelle Fahrten in flachem Terrain sind die Stärke dieses Boliden. Die Straßenversion des auch auf der Bahn erfolgreichen Rahmens besticht durch ihre kantig-flächige Optik. Starke Fasern bilden außerdem die Basis der Kurbeln, der Sattelstütze, des Sattels, der Pedale, des Aerolenkers und der Laufräder – ein Traum in Carbon …

LOOK
MAVIC
COSMIC
carbone
SSC

DAS AERODYNAMISCHE

Aerodynamisch günstige Formen zeichnen sich durch eine große Länge im Vergleich zur Breite aus. Die Entwickler von Look realisierten den bestmöglichen Kompromiss innerhalb der strengen UCI-Richtlinien – und alles in penibler Handarbeit.

Fließende Formen und weitgehende Gestaltungsfreiheit sind die großen Stärken des Hightech-Materials Carbon. Ob am Rahmen oder den Kurbeln – überall spart die Faser Gewicht.

FEINE TEILE IM DETAIL

Rahmen, Gabel, Steuersatz und Sattelstütze: **Look KG 396**; Vorbau: **Look Ergostem**; Schaltkomponenten: **Mavic Mektronic**; Bremskörper, Innenlager, Kettenblätter, Kette und Zahnkranz: **Shimano Dura Ace**; Kurbelsatz: **Profile Elite Pro**; Lenker: **Profile Airwing TB**; Aeroaufsatz: **Profile Carbon Strike**; Lenkerband: **Profile**; Sattel: **Selle Italia Evolution 3**; Pedale: **Look Race CX7**; Laufräder: **Mavic Comete** und **Mavic Cosmic Carbon SSC**; Reifen: **Continental Competition**

Mavics Bremsschalthebel sind ergonomisch spitze, auch am normalen Rennlenker. Mit den Händen an den nach innen gerichteten Höckern ergibt sich eine komfortable und aerodynamische Griffhaltung, in der Dank des gelben Kippschalters auch Gänge gewechselt werden können.

Nicht nur Design und Werkstoff des Mektronic-Schaltwerks passen hervorragend zum Look, auch die Technik ist wie dafür gemacht. Dank Funkübertragung braucht es keinen Schaltzug, Reibung ist kein Thema mehr und die klare Linie wird nicht von Bowdenzügen gestört.

DAS WINTERRAD IM DETAIL

Wer schon im Frühjahr schnell Rad fahren will, kommt ums Wintertraining nicht herum. Zwar gibt's Alternativen zum Radtraining auf der Straße, aber gelegentlich die Beine kreisen zu lassen, ist definitiv sinnvoll. Radprofis beginnen Ihre Saisonvorbereitung auch schon im November, und bei weitem nicht jeder Berufspedaleur verbringt den gesamten Winter im warmen und trockenen Süden. Zum richtigen Gerät für Schmuddelwetter gehören fest montierte Schutzbleche. Sie halten im Gegensatz zu den Ansteckblechen nicht nur den Hintern trocken, sondern auch Schuhe und Beine. Trick: Ein Spritzlappen, selbst gemacht aus einem abgefahrenen Reifen, mit dem man das vordere Schutzblech bis fast zur Straßenoberfläche verlängert. Fürs Gruppentraining empfiehlt es sich, auch das hintere Schutzblech zu verlängern, damit der Hintermann von der Dreckwasser-Fontäne des Hinterreifens verschont bleibt. Wichtig für den Werterhalt: Häufiges Waschen und Ölen der beweglichen Teile. Regelmäßiges Wachsen des gesäuberten Rades beugt Korrosion vor. Dies gilt auch für Carbonrahmen.

RÜCKLICHT: LED-Leuchte „Seculite plus", mit Standlichtautomatik, zweiadrig verkabelt, um Störungen vorzubeugen.

REIFENSCHÜTZER: SKS, Kunststoff, vorne Modell „Bluemels" – aber das Exemplar fürs Hinterrad, weil es mehr vom Reifenumfang abdeckt als der eigentliche Frontschützer. Passt mit runder Kontur gut in die Gabel. Am Hinterrad das Modell „Chromoplastics" mit passender eckiger Form.

REIFEN: Continental „Grand Prix 4000". Faltreifen, 25 Millimeter breit, mit seitlichen Reflexstreifen

NKER/VORBAU: Syntace 'RO". Ideal, um für das Win- -training eine gemäßigte Sitz- sition zu wählen und sich im ühjahr wieder schrittweise der ettkampfhaltung zu nähern.

AHMENSET: Gelöteter Edelstahl- ımen, gebürstet; Gabel für ıgeren Radstand, mit größerer ifenfreiheit und Schutzblech- en. Alle Anbauteile mit Edelstahl- ırauben montiert.

SCHEINWERFER: „Lumotec oval sensoplus" von Busch&Müller; mit Einschaltautomatik und LED-Standlicht

LEUCHTUNGSAN- GE: Shimano-Naben- namo DH-3N71 mit /olt/3 Watt, läuft mit enig Widerstand und hezu geräuschlos. Im geschalteten Zustand ist r Lagerlauf von einer nor- alen hochwertigen Nabe cht zu unterscheiden. Auch t 2,4 Watt lieferbar, dann muss r das Vorderlicht verkabelt erden. Am Fahrradheck sollte dann ne Batterie-LED-Leuchte die Fahrt absichern.

Die Autoren

Dirk Zedler, Diplom-Ingenieur für Fahrzeugbau, ist seit Jahren einer der kompetentesten Köpfe in der Fahrradszene. Der engagierte Hobby-Triathlet arbeitet seit 1994 regelmäßig als Autor der Werkstatt-Serie für das Radmagazin TOUR. Sein besonderes Interesse gilt der Produktsicherheit. Hier hat er in zahlreichen Veröffentlichungen Missstände und Probleme aufgedeckt, deren Behebung für die Branche richtungsweisend war. Zedler ist außerdem öffentlich bestellter und vereidigter Sachverständiger für Fahrräder von der IHK Stuttgart und ein gefragter Gutachter. Sein Ingenieurbüro erstellt Bedienungsanleitungen für viele renommierte Hersteller der Fahrradbranche.

Thomas Musch, Stellvertretender Chefredakteur des Radmagazins TOUR, ist beim Thema Fahrrad einer der versiertesten und erfahrensten Allrounder in Deutschland. Seine Leidenschaft gilt dem Profisport: Seit über zehn Jahren verfolgt er das internationale Peloton bei Tour de France, Klassikern und Weltmeisterschaften. Mit vielen Reportagen und Berichten auch zu den Themen Reise, Medizin & Fitness, Recht & Verkehr hat sich der engagierte Freizeit-Rennradler den Ruf eines unabhängigen, seriösen Fachjournalisten erworben. Die Geschicke von Deutschlands erfolgreichstem Rennradmagazin bestimmt er seit 1993 an entscheidender Stelle mit.

Die beiden Autoren veröffentlichten außerdem das sehr erfolgreiche Buch zum Thema Wartung und Reparatur der Rennmaschine mit dem Titel »Die Rennradwerkstatt«, ISBN 3-7688-5213-X / ISBN 978-3-7688-5213-5.

Bibliografische Information Der Deutschen Bibliothek
Die Deutsche Bibliothek verzeichnet diese Publikation in der Deutschen Nationalbibliografie; detaillierte bibliografische Daten sind im Internet über »http://dnb.ddb.de« abrufbar.

3. Auflage
ISBN 3-7688-5243-1
ISBN 978-3-7688-5243-2
(Die vorhergehenden Auflagen sind unter der ISBN 3-89595-176-5 erschienen.)

Umschlaggestaltung: Buchholz/Hinsch/Hensinger, Hamburg
Abbildungen: Matthias Borchers, Franz Faltermaier, Robert Kühnen, Daniel Simon, Dirk Zedler
Layout: Lydia Eylert
Reproduktionen: scanlitho.teams, Bielefeld
Druck und Bindung: Kunst- und Werbedruck, Bad Oeynhausen
Printed in Germany 2006

Delius Klasing Verlag, Siekerwall 21, D-33602 Bielefeld
Tel. 0521/559-0, Fax 0521/559-115
E-Mail: info@delius-klasing.de
www.delius-klasing.de